Πάτερ ἡμῶν ὁ ἐν τοῖς οὐρανοῖς

ἁγιασθήτω τὸ ὄνομά σου

ἐλθέτω ἡ βασιλεία σου

γενηθήτω τὸ θέλημά σου,

ὡς ἐν οὐρανῷ καὶ ἐπὶ τῆς γῆς

τὸν ἄρτον ἡμῶν τὸν ἐπιούσιον δὸς ἡμῖν σήμερον

καὶ ἄφες ἡμῖν τὰ ὀφειλήματα ἡμῶν,

ὡς καὶ ἡμεῖς ἀφίεμεν τοῖς ὀφειλέταις ἡμῶν

καὶ μὴ εἰσενέγκῃς ἡμᾶς εἰς πειρασμόν,

ἀλλὰ ῥῦσαι ἡμᾶς ἀπὸ τοῦ πονηροῦ

[Ὅτι σοῦ ἐστιν ἡ βασιλεία καὶ ἡ δύναμις καὶ ἡ δόξα εἰς τοὺς

αἰῶνας. ἀμήν.]

．

하늘에 계신 우리 아버지여
이름이 거룩히 여김을 받으시오며
나라가 임하시오며 뜻이 하늘에서 이루어진 것같이
땅에서도 이루어지이다
오늘 우리에게 일용할 양식을 주시옵고
우리가 우리에게 죄지은 자를 사하여 준 것같이
우리 죄를 사하여 주시옵고
우리를 시험에 들게 하지 마시옵고
다만 악에서 구하시옵소서
(나라와 권세와 영광이 아버지께 영원히 있사옵나이다 아멘)

주기도란 무엇인가

지은이 정용섭
펴낸이 정애주

편집 송승호 이현주 한미영 황교진 김기민 김준표 오은숙
미술 김진성 문정인 송하현 최혜영
제작 윤태웅 유진실
영업 오민택 차길환 국효숙 박상신 송민영
총무 마명진 김은오 윤진숙

펴낸날 2011. 10. 26. 초판 1쇄 인쇄
       2011. 11. 2. 초판 1쇄 발행

펴낸곳 주식회사 홍성사
1977. 8. 1. 등록 / 제 1-499호
121-897 서울시 마포구 합정동 369-43
TEL. 02) 333-5161 FAX. 02) 333-5165
http://www.hsbooks.com E-mail: hsbooks@hsbooks.com

ⓒ 정용섭, 2011

ISBN 978-89-365-0885-2
값 10,000원 ※잘못된 책은 바꿔 드립니다.

주기도란
무엇인가

정용섭 지음

홍성사.

차례

머리말

'주기도'에 관한 글은 수도 없이 많습니다. 학위논문에서 에세이까지 여러 장르에 걸쳐 있습니다. 뿐만 아니라 진보적인 학자·목회자에서 복음주의권에 속한 이들까지 필자들의 신앙적 스펙트럼도 다양합니다. 여기에 제가 또 하나의 글을 보태게 되었습니다. 이게 잘한 일인지 확신은 없습니다. 상투적인 핑계를 대는 걸 용서해 주십시오. 성령께서 인도하셨습니다.

제가 처음 주기도에 대한 글을 쓸 때는 출판 계획이 전혀 없었습니다. 바로 옆에 앉아 있는 후배나 제자와 함께 차를 마시며 담소한다는 느낌으로 썼습니다. 그래서 문장이 '하오체'가 되었습니다. 이런 투의 글은 일반 대중에게는 거북스럽습니다. 전체적으로 손을 볼까 하다가 그냥 두었습니다. 처음 글을 쓸 때의 느낌을 그대로 살려 놓으려는 생각에서였습니다. 이해를 바랍니다.

《주기도란 무엇인가》는 마태복음 6장 9-13절을 제 나름으로 해석한 것입니다. 전문적인 성서주석은 아닙니다. 그렇다고 설교도 아니고 큐티도 아닙니다. 본문에 대한 인문학적 통찰이라고 보면 됩니다. 인문학적 통찰은 영적인 통찰이라는 말과 같습니다. 왜냐하면 양쪽 모두 생명의 신비를 그 바탕에 두기 때문입니다.

제 생각에 주기도만이라도 바르게 공부하면 여러 부분에서 그리스도교 신앙의 중심으로 들어갈 수 있습니다. 그중 한 가지만 말씀드린다면, 기도의 본질이 무엇인지를 배울 수 있습니다. 본질이 왜곡되면 그 결과도 왜곡되기 때문에 본질을 바르게 아는 건 중요합니다. 기도 인플레이션이라 할 정도로 기도에 매달리는 한국 교회가 신앙과 삶에서 바람직한 열매를 맺지 못하고 있는 이유는 기도의 본질을 모르거나 오해하기 때문입니다. 한마디로 기도의 도구화입니다. 기도는 우리의 뜻을 관철시키기 위해서 하나님을 설득하는 게 아니라 하나님의 뜻을 우리에게 설득시키는 영적 태도입니다. 이 책이 기도의 본질을 아는 데 조금이라도 도움이 되었으면 합니다.

주기도 영성을 토대로 쓴 '교회력에 따른 공동 기도문'을 부록으로 실었습니다. 대림절 첫째 주일부터 창조절 열두째 주일에 이르는 52주 기도문에 성탄절 기도문을 포함해서 전체 53편입니다. 이 기도문의 특징은 하나님의 구원 통치, 계시, 영광을 높이는 주일공동예배에서 모든 사람들이 함께 드리는 기도라는 사실입니다. 그래서 내용도 사사롭지 않고 공적입니다. 간구라기보다는 차라리 송영입니다. 개인들은 예배 전에 읽는 것도 좋을 겁니다.

졸고를 묶어 주신 홍성사 가족 모든 분들께 감사를 드립니다.

종교개혁 494주년 기념주일을 앞두고
정용섭 목사

7

하나님은
누구신가

하늘에 계신 우리 아버지

일반적으로 기도는 혼자 드리오. 하나님 앞에서는 우리 모두 단독자로 서야 하기 때문이오. 예수님도 날이 밝기 전에 한적한 곳에 가셔서 홀로 기도드리곤 하셨소. 더불어 드리는 기도가 성서에 없다거나 안 된다는 말은 아니오. 시편에는 공동으로 드리는 기도가 많소. 신약성서에도 그런 기도문들이 있소. 그러나 원칙적으로 말하면 기도는 골방과 한적한 곳에서 일어나는 영적인 사건이오. 기도가 하나님과의 영적인 호흡이라는 말을 한번 생각해 보시오. 호흡은 각자가 해야 하오. 남이 대신 호흡해 줄 수 없소. 자기가 급하다고 해서 남이 대신 숨을 쉬어 줄 수 없다는 말이오. 숨을 쉬듯이 기도는 각자가 하나님 앞에 나아가는 일이오.

그런데 '주기도'는 일반적인 기도가 아니라 특별한 기도요. 개인이 아니라 공동의 기도요. 주기도는 모든 기도의 전범이오. 우리말 주기도는 이렇게 시작하오. "하늘에 계신 우리 아버지여!" 영어(our Father in heaven)와 독일어(unser Vater im Himmel) 어순을 따르면 "우리 아버지, 하늘에 계신"이오. '우리'로 시작하오. 주기도는 우리가 공동으로 드리는 기도라는 뜻이오. 그대는 개인적으로 기도를 드리는 경우라 하더라도 주기도에서 멀리 나가지 마시오. 개인적으로 특별한 기도의 내용이 있다 하더라도 곧 주기도로 돌아오시오. 그 모든 개인적인 기도의 내용도 주기도에 근거해야 하기 때문이오. 개인의 세속적인, 또는 종교적인 욕망으로 나타날 수 있는 기도의 오류를 주기도를 통해서 벗어날 수 있소. 이렇게 말해야겠소. 주기도는 모든 기도의 시금석이라고 말이오. 그

중의 하나가 바로 '우리'라는 것이오.

기도를 드릴 때는 늘 '우리'를 생각하시오. 내 입장만 강조할 게 아니라 너의 입장도 헤아려야 하오. 그대는 이 세상이 '우리'로 구성되었다는 사실을 잘 알 거요. 우리는 더불어 이 세상에서 살아가오. 뒤에서 일용할 양식을 말할 때도 나오겠지만, 일용할 양식도 우리가 함께 참여하는 거요. 오늘 한 끼 식사에 얼마나 많은 '너'의 수고가 포함되었는지 모른다오. 주기도의 시작이 '우리'라는 사실을 기억하시오.

'우리'를 기억한다는 게 말처럼 쉬운 건 아니오. 잠시 그렇게 생각할 수는 있지만 그런 생각을 계속해서 유지하기는 보통 어려운 게 아니오. 다른 건 접어 두고 교회 문제만 보시오. 한국 교회는 "빈자리를 채워 달라"는 기도를 자주 드리고 있소. 한 교회의 빈자리가 채워진다는 것은 다른 교회에 빈자리가 늘어난다는 뜻이오. 만약 '우리'의 마음으로 기도를 드린다면 빈자리 운운하는 기도는 드리지 못할 거요. 물론 교회를 향한 신자들의 소박한 마음 자체를 부정하려는 건 아니오. 빈자리 문제가 무조건 교회끼리의 경쟁을 전제하는 것도 아니오. 그러나 주기도의 첫머리 '우리' 아버지를 진지하게 생각한다면 기도의 차원이 전혀 달라지리라는 건 분명한 사실이오.

세계 교회가 모두 '우리 아버지여'라고 기도한다는 사실은 참으로 놀랍소. 기도는 거기에 우리의 영혼을 담는 신앙행위요. 그 기도의 내용대로 살아가겠다는 결단이기도 하오. 잘 보시오. '우리' 아버지를 함께 부른다는 것은 모든 그리스도인들이 한 형제라는 말이오. 도대체 형제라는 것은 무슨 뜻이오? 그것이 얼마나 준엄한 것인지 우리가 알고 있는 거요? 교회에서도 형제, 자매라는 말을 흔하게 하니, 묻는 말이오. 이런 호칭이 너무 당연한 것처럼 쏟아지오. 마음은 형제와 자매를 받아들이지 않으면서 입만 나불거리는 것 같소. 경건의 능력은 없이 그저 경건의 모양만 내려는 것으로 보이오.

한국의 그리스도인들이 얼마나 자주, 얼마나 심하게 싸우는지 보시오. 150개가 넘는 교단으로 갈려 있다 하오. 흔한 말로 한국 교회에서는 기독교와 예수교가 싸운다 하오. 같은 교단 내에서도 원수처럼 싸울 때도 있소. 한국을 대표하는 어느 교단은 감독회장 선거 문제로 수년 동안 대립하고 있소. 개교회 안에서도 싸움이 그치질 않소. 목사와 장로, 장로와 안수 집사가 잡아먹을 듯이 싸우곤 하오. 그 싸움이 진리 논쟁이라면 옆에서 박수를 치겠소. 약간의 차이를 인정하지 않는 데서 싸움이 시작되오. 교회의 본질이 아니라 형식의 차이를 극복하지 못하는 거요. 교회 문제를 세상 법정에 끌고 가는 사례가 한국 교회만큼 많은 교회는 세상에 없을 거요. 인정하고 싶지 않지만, 목사와 장로들이 법정에서 판사들의 훈계를 듣는 실정이오. 그리스도인들이 형제와 자매라는 사실을 전혀 인식하지 못하고 있다는 증거요. 이런 상황이라면 주기도를 포기하는 것이 양심적이오.

형제 관계, 현실과 당위 사이

기독교 역사를 보면 이런 형제 관계를 현실로 담아내려는 노력이 꾸준히 제시되었소. 소위 공동체 운동이오. 잘 알려진 브루더호프(현 명칭: Church Communities International)라는 공동체를 그대도 알고 있을 거요. 창시자 에버하르트 아놀드는 이 운동을 독일에서 시작했지만 1930년 대 말 나치의 박해를 피해 영국으로 옮겼소. 지금은 세계적으로 미국, 영국, 호주, 독일, 파라과이에서 공동체가 활동하고 있다 하오. 각각의 공동체는 초대교회의 공동체 생활방식에 따라 네 것, 내 것을 구분하지 않고 나누며 살고 있소. 헨리 나웬은 브루더호프에 대해 이렇게 말했소.

브루더호프의 글들은 제자도가 살아 숨 쉬는 공동체 안에서 체득한 경험에 뿌리를 깊이 내리고 있다. 우리는 이런 공동체 안에서 연단되고 정화된다. 용서와 치유의 모든 것을 배우는 곳은 바로 공동체이다. 우리의 이웃이 누구인지 배우는 곳이 공동체이다. 공동체야말로 참된 사랑의 학교이다. 아놀드는 그의 전 생애를 공동체에서 생활하였다. 그러기에 누구보다도 공동체의 필요와 그 가치를 잘 알고 있다. 무엇보다도 우리가 복음 속의 그리스도를 만나는 곳이 다름 아닌 공동체라는 것을 잘 알고 있는 사람인 것이다.

가장 원초적인 공동체는 수도원이라 할 수 있소. 수도원과 브루더호프 공동체의 차이는 가족을 허용하는가에 달려 있을 거요. 수도원의 구성원은 모두 독신 수도사들이지만, 브루더호프 구성원은 가족이오. 수도원의 수도사들이 지켜야 할 세 가지 원칙이 있소. 이 원칙은 로마 가톨릭교회의 사제들에게도 적용되는 것이오. 청빈, 순명, 금욕이오. 청빈은 가난을 받아들인다는 것이오. 자발적 가난이라고 할 수 있소. 순명은 수도원 질서에 순종한다는 것이오. 수도원장의 명령을 무조건 따라야 하오. 물론 원장이 무리한 명령을 내리는 일은 없소. 순명은 작은 차이로 벌어지는 갈등을 막을 수 있는 안전장치요. 금욕은 주로 성행위를 하지 않겠다는 뜻이었소. 이 세 가지 원칙은 인간의 본능과 깊은 연관이 있소. 사람은 소유를 통해 자기를 확인하고 싶어 하오. 외적인 질서보다는 개인의 자유를 누리고 싶어 하고, 성적 쾌락을 즐기고 싶어 하오. 이런 것을 억제한다는 것은 그냥 되는 게 아니오. 그런 본능보다 더 깊은 기쁨이 있어야만 가능하오. 교회에서 형제애를 유지하려면 개인을 확장하는 일보다 더 큰 기쁨을 알아야 한다는 말이 되오. 더 큰 기쁨은 바로 영성의 문제요. 그것이 없으면 공동체는 불가능하오.

　한국의 개신교회에도 공동체가 여럿 있었지만 대개는 실패했소. 실패할 수밖에 없소. 사람은 한편으로 너그러운 것 같으면서도 실제로는 아주 인색한 존재들이라오. 부부는 가장 가까운 관계요. 서로 다른 습관과 성격의 소유자들이 한집에서 평생 산다는 게 얼마나 어려운 일인지 모르오. 우스갯소리처럼 들리겠지만 치약을 짜는 습관 차이로 이혼

한 부부들이 있다고 하오. 성격 차이도 있고, 삶의 패턴과 리듬의 차이도 있소. 그런 것들은 쉽게 고쳐지지 않기 때문에 부부로 살면서도 힘든 일이 적지 않소. 〈적과의 동침〉이라는 영화가 묘사하듯 부부도 결혼이라는 강제적인 틀로만 겨우 지탱될 수 있소. 그렇다면 출가한 수도자들이나 그에 버금갈 정도로 종교적인 훈련이 밴 사람들이 아니라면 실제적인 공동체 생활은 거의 불가능하다는 말이 되오.

부부와 가족도 참된 의미에서 공동체를 이루기 힘든 마당에 세속 사회에서 살고 있는 그리스도인들이 형제애를 발휘하면서 산다는 것은 더더욱 요원한 일이오. 여기에는 습관과 성격의 차이만이 아니라 인간의 본성에 속한 경쟁심도 크게 작용하오. 가장 두드러진 예를 카인과 아벨 이야기에서 확인할 수 있소. 카인은 시기심으로 동생 아벨을 들로 데리고 나가 돌로 쳐 죽였소. 형제끼리도 경쟁의식이 잠재적으로 작동한다는 뜻이오. 프로이트의 오이디푸스 콤플렉스 이론에 따르면 아들이 무의식적으로 아버지를 연적으로 느낀다 하니, 더 긴말이 어디 필요하겠소. 수도원이나 수녀원도 완벽한 형제·자매 공동체를 유지할 수 없을 거요. 다만 수도원의 제도와 개인의 영적 훈련이 그것을 유지하고 있을 뿐이오.

이런 점에서 본다면 우리는 진정한 의미에서 '우리 아버지여!'라고 기도할 능력이 없는 존재들이오. 능력이 없는 데도 그렇게 기도하는 것은 위선 아니겠소? 우리의 영적인 상태를 조금 더 정직하게 들여다보시오. 이것은 선생연하면서 글을 쓰는 나 자신을 포함하여 하는 말이오. 우리가 예배를 드리거나 기도할 때 형제를 향해 마음을 열고 있는 지를 보면 되오. 말은 교언영색으로 쏟아 낼 수 있소. 그런 말이 마음까지 그대로 담아내는 것은 아니라오. 한국 교회의 기도가 얼마나 이 기적인 것에 매여 있는지 보면 확인할 수 있을 거요. 북한을 위해 기도하는 사람들도 많소. 그러나 북한 사람들을 형제로 생각하는 사람들은 드무오. 북한을 변화시키려는 열정이나 불쌍히 여기는 마음을 곧 형제 관계와 일치시킬 수는 없소. 형제 관계는 대등 관계요.

우리에게 '우리 아버지'라는 호칭으로 기도할 능력이나 자격이 없다면, 이제 어떻게 하면 되는 거요? 주님이 가르쳐 주신 기도를 포기할 수는 없소. 포기해서도 안 되오. 여기서는 일단 실제로 형제 관계의 삶으로 들어가는 경건 훈련이 필요하오. 주기도는 단순히 기도의 한 형태가 아니오. 기도 프로그램이 아니오. 그것은 삶 자체요. 그렇소. 기도는 삶 자체요. 삶이 곧 기도이기도 하오. 삶 말고 더 진정한 기도가 어디 있겠소? 한 끼 식사를 대하는 삶의 태도, 한 모금의 공기와 물을 대하는 삶의 태도, 모든 살아 있는 것들 앞에서 부끄러움을 느끼는 삶의 태도야말로 가장 생생한 기도요. 그것이 살아 있는 영성이오. 영성의 심화가 필요하오. 그것이 바로 주기도의 출발이 아니겠소?

조금 옆으로 나가는 말을 해도 이해하시오. 오늘 한국 교회의 기도는 과잉이오. 하나님을 귀찮게 하는 것처럼 보일 정도요. 365일 새벽기도회를 하는 교회가 얼마나 많은지 모르오. 아마 세계에서도 그 비슷한 경우를 찾아볼 수 없을 거요. 매주 목요일이나 금요일에 심야기도

또는 철야기도를 하오. 기도를 양적으로 너무 많이 드린다는 게 아니라 기도가 일종의 프로그램이 되었다는 말이오. 온갖 종류의 기도 형식들이 끊임없이 개발되고 있소. 나도 젊었을 때 학생들이나 청년들과 기도원에 가서 여러 종류의 기도를 가르치기도 했소. 어떤 교회는 24시간, 1년 열두 달 교회당에서 기도 소리가 끊기지 않는 이벤트를 실시하기도 하오. 100일 새벽 기도회에 출석 체크도 한다는구려. '특새'가 유행처럼 행해지고 있소. 여러 형태의 기도를 드린다는 것 자체를 내가 뭐라 하는 건 아니오. 기도가 기술 차원에, 프로그램 차원에 떨어지고 말았다는 뜻이오. 하나님과의 실질적인 관계는 없으면서 자신의 열정만 가득한 기도가 되고 있소. '우리'의 영성은 실종되고, 이기적인 열정만 범람하고 있소. 기도의 열매가 얼마나 빈약한지 그대도 잘 알 거요. 모든 이들의 기도가 그렇다는 말은 아니니 새겨서 들으시기 바라오.

열매가 없는 기도 과잉 현상이 왜 벌어진다고 생각하시오? 이런 것까지 분석하는 걸 신앙적이지 못한 태도라고 하지는 마시오. 분석할 건 분석하고, 질문할 건 질문하고, 믿을 건 믿어야 하오. 모든 걸 믿기만 해서는 본인의 영성은 물론이고 교회 전체의 영성도 바른 길을 갈 수 없소. 기도 과잉에는 목회의 효율성이 연관되어 있소. 신자들이 이런 기도 분위기에 휩쓸리면 목회자에게 다른 말을 못하게 되어 있소. 간혹 담임 목사를 위해 기도하라는 말도 있소. 바울도 자신을 위해 기도해 달라고 했으니 담임 목사를 위한 기도가 이상한 것은 아니오. 그러나 그 기도가 결국 목회자의 모든 문제를 덮어 버리는 도구로 전락

할 수 있다는 것이 문제요. 평신도의 입장에서도 기도를 잘하면 교회에서 인정받을 수 있다는 욕망도 생기오. 기도를 전문적으로 하는 이른바 기도꾼들이 교회에 있소. 전형적인 언어와 톤으로 기도 전문가로 행세하오. 그들은 자신들이 기도를 잘한다는 자부심으로 가득하오. 우리 영혼의 심층에서 우러나오는 탄원이요, 간구요, 송영인 기도가 종교적 욕망의 수단으로 변질되어 간다는 걱정을 하지 않을 수 없소. 기도 무용론에 빠져도 좋다는 말은 아니니, 오해 없기를 바라오. 다시 우리의 주기도로 돌아가겠소.

주기도를 드리는 우리 그리스도인들은 어떤 점에서 딜레마에 빠진 사람들이오. 형제 관계가 실제로는 거의 불가능하다는 사실과 형제 관계의 삶에 들어가도록 최선을 다해야 한다는 당위 사이에서 힘들어하고 있소. 주기도를 드릴 때마다 자신의 영적 실존을 불안해하는 이들도 있소. 그대도 혹시 그렇소? 걱정하지 마시오. 주기도는 우리를 영적으로 힘들게 하지 않소. 불가능한 삶을 추구하는 극단적인 이상주의로 몰고 가는 것도 아니오. 형제 관계의 삶을 체념하라는 것도 아니고, 그런 척 위선을 피우라는 율법도 아니오. 주기도는 주님의 준엄한 명령이오. 말로만 하는 명령이 아니라 당신께서 삶과 운명으로 본을 보이신 명령이오. 그분은 우리에게 생명을 주시는 분이오. 그런 분의 명령이라면 우리가 아직 충분하게 이해하지 못한다 하더라도 순종하는 게 옳지 않겠소?

신자유주의와 생명의 연대

그대의 겁먹은 표정이 그러지오. '우리' 아버지로 시작하는 주기도를 실제 삶에서 실천할 자신이 없다는 뜻인 것 같소. 그대가 이기적인 사람이라서 그런 고민을 하는 게 아닐 거요. 형제 관계로 사는 것이 세속의 삶에서 구체적으로 무얼 말하는지 이해하기 어렵다는 게 가장 큰 이유일 거요. 이해만 된다면 그대는 더 큰 어려운 일이라도 순종할 사람이오. 지금 내가 그걸 이해시켜야 하는데, 쉽지는 않을 것 같소. 그리스도교 신앙은 경우에 따라서 이해가 가지 않더라도 결단해야 할 때가 있는데, 바로 이 순간이 그때인지 아닌지는 잘 모르겠소. 그래도 설명해 볼 테니, 귀를 기울여 주시오. 우리가 주님의 저 명령에 순종해야 할 이유를, 또는 순종한다는 게 무슨 뜻인지를 설명하겠소.

형제 관계 또는 공동체 정신으로 기도하고 살아간다는 것은 삶을 사적인 영역이 아니라 공적인 영역으로 확대시켜 간다는 뜻이오. 기독교 신앙의 스펙트럼도 사적인 영역을 강조하는 경향과 공적인 영역을 강조하는 경향으로 구분되오. 거칠게 구분하면 보수적인 교회는 전자의 특징을, 진보적인 교회는 후자의 특징을 보이오. 90퍼센트가 넘는 한국 교회가 보수적이라는 현실을 전제한다면 한국 교회는 모두 신앙을 사적인 것으로 취급한다고 보면 되오. 개인이 예수 잘 믿고 축복받아 행복하게 살다가 죽어서 천당 간다는 식의 신앙이 가장 보편적인 신앙 형태요. 미국의 복음주의 신앙도 대개는 이런 경향이오. 한국 교회에 큰 영향을 미친 릭 워렌 목사의 설교는 한 전형이오. 그에게 그리스도 교 신앙은 개인이 구원받고 도덕적으로 사는 것 이상도 아니고 이하도 아니오. 이런 신앙을 무조건 잘못되었다고 하는 건 아니오. 그리스도 교 영성은 궁극적으로 개인이 감당해야 하기 때문이오. 믿음도 궁극적 으로 개인의 결단인 것과 같소. '개인적인 차원'과 '사적인 차원'은 같은 말이 아니오. 개인이라고 하더라도 공적인 차원으로 나아가야 하오.

신앙을 공적인 영역으로 확대한다는 것은 사회 전체에 하나님의 뜻 이 임하기를 희망하는 쪽에 신앙의 무게를 두는 것이오. 특히 신자유 주의 체제 아래 사는 한국의 그리스도인들이 염두에 두어야 할 부분이 오. 지금 우리는 온통 경쟁 만능주의로 빨려 들어가고 있소. 유치원부 터 대학교까지 무조건 경쟁이오. 심지어 교사들과 대학교수들까지 경 쟁을 통해 몰아내고 있소. 한국 교회는 이런 체제를 무비판적으로 받 아들이고 있소. 오히려 그런 현상을 부채질하고 있소. 하나님 나라의 공적 영역이 완전히 파괴되었소. 이것은 정치·경제적인 문제가 아니라 성서와 그리스도교 영성의 문제요.

그대는 예수님이 말씀하신 포도원 주인의 비유를 알고 있소. 한 시 간 일한 사람이나 열 시간 일한 사람이나 똑같이 한 데나리온을 주인 에게서 받았다는 이야기는 삶을 단순히 경쟁력만으로 재단할 수 없음 을 전하고 있소. 능력이 하나인 사람과 열인 사람이 어떻게 더불어 사 람답게 살아갈 수 있는지 깊이 생각해야 하오. 경제 영역에서 형제 관 계가 구체적으로 복원되는 것, 사회과학 용어로 그것을 복지사회라 하오. 부의 재분배를 실천해 나가는 것이오. 이런 주장은 이미 구약성서에 분명하게 언급되어 있소. 안식년 제도와 희년 제도요. 땅과 사람이 원래의 자리로 돌아가야 하오. 하나님의 공의와 정의를 강처럼 흐르게 하라는 선지자들의 외침도 비슷한 거요. 고대 이스라엘에서 실행된 부의 재분배요. 공의의 실천이오. 이런 열정이 없이 우리가 어찌 '우리' 아버지라고 기도할 수 있겠소.

　사회복지가 그리스도교 신앙의 궁극적인 목표라는 말이냐, 하는 질문을 하고 싶을 거요. 카를 마르크스의 인간 해방과 그리스도교 신앙이 다른 게 무엇이냐는 질문이기도 하오. 마르크스주의에 영향을 받은 해방신학이 1960년대와 1970년대에 세계 교회에서 큰 흐름을 주도한 적이 있소. 우리나라에서는 민중신학이 비슷한 경향이오. 이들의 주장은 명백하오. 가난한 자, 병든 자, 소외된 자들의 구조적인 문제를 정확하게 인식하고 이들의 해방을 위해 사회구조를 바꿔야 한다는 것이오. 이들의 주장을 여기서 자세하게 말하진 않겠소. 일리가 있지만 그것이 그리스도교 신앙의 중심은 아니오. 비슷한 주장이 이미 20세기 초 스위스에서 그리스도교 사회주의라는 이름으로 등장한 적이 있소. 하나님 나라의 사회적인 차원을 강조한 거요. 당시는 유럽에서 사회주의 혁명이 크게 요청되던 시대였소. 카를 바르트도 초기에는 이 운동에 참여했소. 그러나 그리스도교 사회주의 운동은 실패했소. 왜냐하면 하나님 나라를 사회구조로만 보았기 때문이오.

　내가 왜 이런 말을 하는지 그대는 이미 눈치 챘을 거요. 사회복지가 하나님 나라 자체는 아니오. 사회복지가 보장되어도 사람이 영적으로 만족할 수 없소. 공적인 영역을 확대해야 한다는 말은 단순히 사회복지 차원이 아니오. 생명의 연대(連帶)를 가리키오. 우리가 모두 공적으로 연결되어 살아간다는 뜻이오. 이 문제는 '일용할 양식'을 다룰 때 자세히 언급하게 될 거요. 한 가지만 짚고 지나가겠소. 우리 개인들은 신비한 방식으로 모든 인류와 소통하고 있소. 더 나아가서 모든 생명체와 소통하고 있소. 그뿐만 아니라 자연과도 연결되오. 그 모든 것을 하나님이 창조하셨다는 사실을 인정한다면 이런 말을 이상하게 생각하지 않을 거요.

하나님은 남성인가 여성인가

헬라어 성경은 주기도를 이렇게 시작하오. 발음을 우리말로 적겠소. '파테르 헤몬 호 엔 토이스 우라노이스.' 첫 단어가 '파테르'인데, 아버지라는 뜻이오. 이어서 '우리의'라는 인칭대명사가 나온다오. 헬라어의 독특한 어순이오. 독일어로 주기도를 Vaterunser(파터룬저)라고도 하는데, 헬라어로 된 주기도 첫 단어를 독일어로 바꾼 것이오. 이렇게 중요한 순간에 하나님을 아버지라고 부른 거요. 여기서 아버지는 무슨 의미라고 생각하시오?

여성 신학자들은 아버지라는 단어를 별로 좋아하지 않을 것 같소. '아버지'에는 남성이라는 의미가 있기 때문이오. 그대는 하나님을 남성으로 생각할 정도로 고정관념에 젖은 사람은 아닐 거라고 믿소. 기독교의 남성중심주의는 뿌리가 깊긴 하오. 아우구스티누스 같은 위대한 신학자요 영성가도 여성을 폄하했으니, 더 말할 필요도 없소.

> 남자는 하느님의 형상을 갖고 있으므로 머리를 가려서는 안 되지만 여자는 그렇지 못하기 때문에 머리를 가리도록 명령을 받았다는 사실을 사도들은 우리들에게 어떻게 말했는가? 그것은 그야말로 내가 인간 정신의 본성을 다룰 때 이미 말한 것과 같은 것이다. 즉 여자는 그녀 자신의 남편과 함께 있을 때 하느님의 형상인 것이며, 따라서 그 모두가 하나의 형상으로 될 수 있는 것이지만 여자가 그녀의 특성 속에서 단독적인 배우자로서 별도로 언급될 때에는 그녀는 하느님의 형상이 아닌 것이다. 그러나 남자는 단독적으로 언급될 때도 여자와 하나가 되어 결합되어 있을 때와 마찬가지로 완전하게 하느님의 형상인 것이다.
>
> (Augustinus, *De Trinitate*, 7, 7, 10)

아우구스티누스의 발언에 동의하시오? 아니면 실망했소? 4세기 말 사람이니 어쩔 수 없는 게 아닐까 하오. 15세기의 루터를 보시오. 루터는 그의 사상적 영향으로 수녀원을 나온 카타리나 폰 보라 수녀와 결혼했소. 종교재판을 받는 고된 시절에 그녀의 도움을 많이 받기도 했소. 여성에 대한 루터의 관점이 아우구스티누스와 크게 다르지 않다는 사실이 놀랍소.

주기도란 무엇인가

이러한 처벌 역시 원죄에서 기인하는 것이다. 여자는 그녀의 육체에 지워진 불편과 고통들을 참아 내듯이 마지못해 처벌을 참아 내고 있다. 규칙은 남편의 수중에 있으며 아내는 하느님의 명령에 의해 남편에게 복종해야만 한다. 그는 가정과 국가를 통치하고 전쟁을 수행하며 그의 소유물을 방어하고 땅을 일구고 집을 짓고 식량을 재배하는 등등의 일을 한다. 반면에 여자는 벽에 박혀 있는 하나의 못과 같다. 그녀는 집에서 앉아 지낸다. (중략) 아내는 바깥일이나 혹은 국가의 일에 관련된 일들을 처리할 수 있는 능력을 박탈당한 사람으로서 집에서 가정 일을 돌본다. (중략) 이런 식으로 이브는 벌을 받고 있는 것이다. (Jaroslav Jan Pelikan, *Luther's Works Lectures on Genesis*, 1958, 115p)

아우구스티누스와 루터의 이런 태도를 변명해야겠소. 우선 어떤 위대한 신학자도 모든 부분에서 완벽할 수 없다는 사실을 인정해야 하오. 아우구스티누스와 루터도 시대의 아들들이었기에 시대정신으로부터 자유로울 수 없었소. 더 거슬러 올라가면 바울도 마찬가지였소. 바울도 여성들이 예배드릴 때 머리를 수건으로 가리라고 했소. 교회에서 여성들이 지도자로 나서지 말라는 말도 했소. 아우구스티누스와 루터의 발언을 근거로 그들의 신학 전체를 매도한 것은 지나친 처사요. 또한 그들이 여성에 대해 언급할 때 무엇을 말하려고 했는지 그 문맥을 살펴야 하오. 성차별 자체를 말하려는 것이 아니라 다른 주제를 말하려는 것이오. 인간의 죄와 구원, 또는 교회와 사회의 관계 등을 말하려는 것이오.

내가 이들의 발언을 비호하려는 게 아니오. 지난 그리스도교 역사에서 여성 차별적인 요소가 강했다는 것은 변명의 여지가 없소. 그 시작이 하나님을 아버지로 본 것에 있는 게 아닌지 의심을 살 만하오.

그렇다면 하나님을 '어머니'라고 부르는 건 어떻겠소? 아니면 아버지와 어머니 칭호를 함께 사용하는 것은 어떻겠소? "하늘에 계신 우리 아버지 어머니여!"라고 말이오. 실제로 이런 식으로 바꿔 기도하는 여성 신학자들도 있소. 그게 본질적으로 잘못은 아니오. 하나님은 우리가 일반적으로 생각하는 남성은 아니라오. 성서가 말하는 하나님의 속성에는 아버지 상만이 아니라 어머니 상도 있소. 그렇다고 해서 하나님을 부를 때 어머니를 꼭 끼워 넣어야 하는 건 아닐 거요. 그런 방식이라면 성서와 사도신경을 비롯한 모든 신조에 나오는 남성 중심적인 표현들이나 고대 물리적 표상들을 모두 바꿔야 하오. 바꾸는 과정에서 본질적인 부분까지 훼손될 우려가 크오. 그렇게 하기보다는 본래의 뜻을 바르게 공부하는 것이 훨씬 지혜로운 게 아니겠소?

보호자 아버지

주기도의 아버지 호칭은 하나님이 우리의 생명을 창조하셨으며, 지금도 보호하신다는 뜻을 담고 있소. 어린아이들에게 아버지 표상은 절대적인 보호자요. 아버지 품에 안겨 있으면 두려울 게 없소. 주기도는 아버지 표상을 잠시 빌려서 생명의 주인이신 하나님을 전하려는 것뿐이오. 하나님은 우리 생명의 주인이며, 보호자라고 말이오. 이런 사실을 실질적으로 깨닫고 살아갈 수 있다면 우리의 삶은 다른 차원에 들어갈 수 있을 거요. 하나님을 막연한 대상이 아니라 구체적인 보호자로 인식하고 경험한다는 것이 무슨 뜻이겠소? 그게 실제로 가능하다고 보오? 여기에 기독교 신앙의 알짬이 들어 있으니 깊이 생각해 보시구려.

아버지 표상이 보호자를 가리킨다는 사실을 기독교 영성의 차원에서 이해하려면 두 가지 관점이 필요하오. 하나는 아버지를 절실하게 필요로 할 정도로 우리 삶이 토대가 부실하다는 걸 아는 것이오. 그대는 어떻게 생각하시오? 사람에 따라, 또는 상황에 따라 생각이 다를 거요. 양쪽의 대답이 모두 가능하오. 어떤 사람은 잘난 척하면서 하나님이 아니라 자기 주먹을 믿는다 하오. 액수가 늘어나는 통장과 주식, 그리고 부동산에 취미가 있는 현대인들은 주로 이런 생각을 많이 할 것이오. 어떤 사람은 매사를 불안 가운데 대하기도 하오. 소유가 늘어나도 불안하기는 마찬가지요. 양쪽 모두 삶을 풍요롭게 느끼는 것은 아니라오. 전자는 불안을 숨기는 것이며, 후자는 불안에 파묻혀 있는 것이오. 우리는 이 땅에서 어떤 방식으로도 아버지를 찾을 수 없소이다. 아버지 없는 고아들과 같소.

다른 하나는 우리를 향한 하나님의 행위는 모두 선하다는 사실을 아는 것이오. 아버지는 자식에게 무조건 좋게 하오. 자식이 떡을 달라는데 돌을 주며, 고기를 달라는데 뱀을 줄 부모가 없다고 예수님이 말씀하신 적도 있소. 아버지에게서 섭섭한 말을 들을 수도 있겠지만 결국은 좋은 것을 주시는 분이 바로 아버지라는 존재요. 하나님을 향한 믿음은 바로 여기에 근거하고 있소. 하나님은 모든 것을 좋게 해주시는 분이오. 탕자도 아버지의 그런 마음을 알기에 집으로 돌아갈 생각을 할수 있었소. 이런 생각을 낭만적이거나 막연한 것으로 생각하지 마시오. 시편을 가끔이라도 읽어 보시오. 시편 기자들은 창자가 끊어지는 아픔을 경험했소. 완전히 외톨이가 되고 억울한 일로 밤새 한잠 못 잘 때도 있었소. 그래도 그들은 이렇게 노래 불렀소. "여호와는 나의 목자시니 내게 부족함이 없으리로다. 그가 나를 푸른 풀밭에 누이시며 쉴 만한 물가로 인도하시는도다"(시 23:1-2).

이런 기도와 찬송도 결국 일이 잘 풀렸으니 가능하지 삶이 완전히 망가졌다면 그럴 수 없다고 생각하시오? 우리가 살다 보면 그런 생각이 들 때가 있다는 걸 부정하지는 않겠소. 하나님이 존재하지 않는 듯 보이는 상황이 일상에서 벌어지고 있소. 욥의 운명이 어디 픽션으로 끝나겠소. 여기서 모든 것이 합력하여 선을 이룬다는(롬 8:28) 바울의 진술을 굳이 끌어들이진 않겠소. 우리가 아직 어린애라서 아버지의 깊은 생각을 따라가지 못할 뿐이라는 당연한 말도 하지 않겠소. 실제적으로 설명하겠소. 나는 내일이라도 불치병에 걸렸다고 확진을 받을 수도 있소. 사고로 큰 장애를 얻을 수도 있소. 내가 하던 모든 일들이 중단되오. 육체적인, 그리고 정신적인 고통이 엄습할 거요. 주변에서 완전히 단절되는 상태를 우리는 못 견디겠지만, 거기서 오히려 더 큰 생명의 환희를 느낄 수도 있다오. 야생화 하나를 보더라도 전혀 새롭게 다가온다오. 그런 경험 없이 건강하고 오래 잘사는 것만이 최고의 삶이 아니라는 걸 그대도 인정할 거요. 여기서 문제는 우리가 하나님과 어떻게 영적으로 소통되고 있느냐는 것이오. 그것이 없다면 불행한 삶은 그대로 불행이 되고 마오.

한마디 덧붙이겠소. 우리가 하나님을 아버지로 인식하고 경험한다면 이제 세상의 생리적인 아버지와의 관계도 새로워질 거요. 세상의 아버지를 객관적으로 바라보는 데서 참된 관계가 형성되기 때문이오. 생리적인 아버지는 우리의 생명을 지켜 주지 못하오. 그도 역시 보호자가 필요한 사람에 불과하다오. 아들과 아버지가, 딸과 어머니가, 할아버지와 손자가 모두 하나님만을 '우리 아버지'라고 부를 수 있소이다.

'하늘'은 어디인가

다시 주기도의 첫 구절을 보시오. "하늘에 계신 우리 아버지여"라고 했소. 우리 생명의 보호자이신 하나님 아버지께서 하늘에 계시다고 하오. 이게 무슨 뜻이오? 하늘이라니, 그 하늘이 어디요? 성서를 읽을 때 가장 중요한 관점은 그 글을 쓴 사람들이 처한 '삶의 자리'를 알아보는 것이오. 예를 들어 설명하겠소. 어떤 어린아이가 "우리 집은 얼마나 큰지 몰라!"라고 했소. 실제로 그 집에 가보니 스무 평도 안 되는 집이었소. 비슷한 경우를 그대도 경험했을 거요. 어렸을 때 자라던 동네를 어른이 된 뒤에 가보면 생각과 전혀 다르오. 골목도 너무 좁고 짧소. 학교 운동장도 생각과 달리 아주 작소. 사람은 모두 자기가 경험한 차원에서 세계를 바라보는 거요. 그런 경험이 바로 삶의 자리요. 성서 이야기도 그와 같소. 그 이야기를 직접 쓴 사람들이나 거기에 참여한 사람들에게는 나름으로 세계를 경험하는 자리가 있소. 그걸 전제하고 읽어야만 성서를 오해하지 않게 되오. 다시 질문해 보겠소. 주기도의 '하늘'은 무엇이오? 예수님은 어떤 생각으로 아버지가 하늘에 계시다고 말한 거요?

2천 년 전이나 지금이나 우주물리적인 사실은 변한 게 없소이다. 태양을 중심으로 수성부터 시작해서 해왕성까지 여덟 개의 행성이 돌고 있소. 그대가 초등학교 시절에 마지막 행성으로 알고 있던 명왕성은 수년 전에 행성의 자격을 잃었소. 우주물리학자들이 그렇게 결정한 거요. 이 말은 명왕성이 행성과 혜성의 경계에 놓여 있다는 뜻이오. 지구는 세 번째 행성이오. 태양에서 지구까지는 대략 1억 5천만 킬로미터 떨어져 있다고 하오. 지구 둘레가 4만 킬로미터이니, 지구를 대략 3,750번 굴리면 태양까지 도달하오. 광속으로 5백 초 정도 걸리오. 우주에서 볼 때 지구와 태양과의 거리는 아주 가깝소. 아예 붙어 있는 것처럼 보이오. 태양과 또 다른 태양 사이는 너무 멀어서 정확하게 계산해 내기도 힘들다오. 일반적으로 가장 가까운 다른 태양까지 2, 3광년이 걸린다 하오. 그런 별들의 무리가 어디까지 멀리 뻗치는지 우리의 상상을 초월한다오. 지구에 살고 있는 우리 인간은 늘 지구 위만 바라볼 수 있소. 그쪽을 하늘이라고 하오. 그리고 우리가 발을 딛고 있는 지구를 땅이라고 부르오. 옛날 사람은 이 우주를 땅과 하늘이라는 이중 구조로 보았소. 아래와 위로 되어 있소. 더 정확하게 말하면 하늘과 땅과 지하라는 삼층 구조가 바로 고대인들의 우주관이오. 그런데 이런 우주관은 잘못되었소. 땅 아래도 하늘이오. 이 우주를 아래와 위로 나눌 수도 없소.

그렇다면 주기도가 말하는 하늘 개념은 근본적으로 잘못된 것이오? 그렇지는 않소. 그들은 당시의 우주관을 그대로 받아들일 수밖에 없었소. 중요한 것은 성서가 그런 방식으로 말하려 했던 핵심을 정확하게 파악하는 것이오. 그 핵심이 무엇이라고 생각하오?

일단 성서 시대의 사람들이 하늘을 보고 어떤 생각을 했을지 돌아보시오. 아브라함은 하늘의 별처럼 후손들을 많게 해주겠다는 하나님의 약속을 생각했다고 하오. 그럴 만도 하오. 외톨이로 가나안에서 살고 있는 그가 어느 날 밤하늘을 보았소. 은하수를 보았을지도 모르오. 광야에서는 하늘의 별이 더 가깝게 느껴진다오. 내가 어렸을 때 친구들과 함께 밤하늘을 자주 올려다보았소. 당시 아이들은 늘 밖에서 놀았소. 낮에만 아니라 밤에도 밖에 나가 놀았소. 집에서는 할 일도 없었소. 나는 서울에서 살았는데도 전기가 늘 들어오는 게 아니었소. 물론 티브이도 없었소. 아이들은 밤하늘의 별들을 바라보면서 즐겁게 놀았소. 행복한 시절이었소. 그때의 기억이 늘 새롭소. 2000년 10월쯤 가족들과 함께 스위스와 경계해 있는 독일의 퓌센에서 야영을 한 적이 있소. 온 가족이 풀밭에 누워 밤하늘의 은하수를 보았소. 어린 시절에 보던 밤하늘이었소. 별이 강물처럼 흘러내리고 있었소. 아브라함은 자기 후손이 저렇게 많으면 좋겠다는 꿈을 꾸었소. 그걸 하나님의 약속으로 강하게 받아들였을 거요.

고대인의 눈으로 하늘을 보시구려. 하늘은 하루 두 번씩 다른 모습으로 바뀌오. 낮과 밤이오. 변함이 없소. 낮은 빛의 세계이고, 밤은 어둠의 세계요. 고대인들에게 밤의 세계가 어느 정도로 두려움의 대상이었을지, 긴 설명이 필요 없을 거요. 어둠이 오면 인간은 들짐승이나 다른 종족의 공격에서 자신을 방어하기 힘드오. 그중에는 낮이 오지 않으면 어쩌나 하는 두려움에 빠지는 사람도 있었을 것이오. 그들은 무슨 원리로 밤이 되고 낮이 되는지를 전혀 알지 못했소. 해가 왜 동쪽에서 떠서 서쪽으로 지는지, 왜 계절에 따라 낮과 밤의 길이가 달라지는지 몰랐소. 모르니 두려울 수밖에 없었소.

고대인들에게 하늘은 두려움의 대상만은 아니었소. 오히려 생명의 원천이기도 했소. 하늘로부터 모든 생명의 에너지가 내려오고 있으니, 당연한 이야기요. 이건 고대나 지금이나 똑같은 형편이오. 태양 에너지가 모든 생명의 원천이오. 태양 덕분에 콩도 자라고, 밀도 자라고, 민들레도 자라오. 고대인들이 탄소동화작용은 몰랐겠지만 태양이 모든 식물을 자라게 한다는 사실은 잘 알고 있었소. 식물만이 아니라 동물도 태양이 없으면 생존이 불가능하오. 이건 간단한 이야기요. 태양이 없으면 식물이 죽고, 식물이 없으면 동물도 살아갈 수 없소. 이집트, 잉카와 같은 고대 문명이 태양을 숭배한 것은 다 이유가 있소.

탄소동화작용에 대해 조금만 더 보충하겠소. 그것은 지구 생명현상의 가장 아래층에 자리하고 있소. 그것이 없으면 모든 생명 활동은 불가능하오. 태양의 빛, 물, 탄소가 동화작용을 일으켜 글루코스를 합성하고, 그것을 다시 녹말로 바꾸어 저장하는 광합성은 녹색식물에게서 일어난다고 하오. 세균, 세균류, 종속영양생물은 빛 없이 탄소동화작용을 일으킨다고 하오. 가장 중요한 탄소동화작용은 광합성이오. 거의 모든 동물은 이 광합성에서 나오는 영양분을 섭취해서 살아가고 있소. 세 가지 요소 중에서 두 가지가 하늘에서 내려오는 것이오. 빛과 물이 그것이오. 이것을 직관적으로 알고 있던 고대인들에게 하늘은 생명의 원천이 아닐 수 없었소.

이 대목에서 그대는 정신을 차리고 잘 생각해야 하오. 하늘을 생명의 원천으로 인식하고 경험한다는 것은 생명이 밖에서 주어지는 것이라는 사실을 고백한다는 뜻이오. 태양으로부터 빛이 지구로 오듯이 가장 궁극적인 것은 밖에서 지구 안으로 들어오는 것이오. 인간을 비롯해서 지구의 모든 생명체는 스스로 생명을 구현해 나갈 수가 없다오. 그게 성서가 말하는 피조물의 한계요. 오늘 현대인들은 이런 것을 인정하기 싫어하오. 자신들이 생산해 내는 것에 완전히 도취되어 있소. 자동차, 비행기, 고급 아파트, 돈, 주식, 의료 기술, 국가, 이런 것들에 포위되어 있소. 그들에게는 하늘은 있으나마나 한 것이오. 얼마나 어리석은 생각인지 모르겠소. 자동차는 없어도 우리가 사는 데 아무 지장이 없지만 쌀이나 밀이 없으면 당장 생존 자체가 위태롭소. 우리의 생각을 근본적으로 바꿔야 하오. 기독교식으로 말해 구원은 밖에서 주어진다는 말이오. 서울대에서 물리학을 가르치다 정년 은퇴하신 장회익 선생은 《공부도둑》에서 지구 생명이 밖에서 주어졌을 가능성이 높다고 말했소. 그 밖이 바로 하늘이오.

이 대목에서 아무래도 기독교의 중요한 교리인 재림론을 간단히 거론해야겠소. 기독교는 마지막 때 예수님이 재림한다고 믿소. 그때 세상은 완성되오. 그것이 기독교의 토대라고 할 수 있소. 그래서 교회력의 시작이 대림절이라오. 이런 재림론을 어떤 이들은 고대인들의 신화적 표상이라고 폄하하기도 하오. 그렇지 않소. 재림론은 생명의 완성이 밖에서 주어진다는 의미요. 이건 그렇게 복잡한 이야기가 아니오. 생각해보시오. 지금 지구의 생명현상은 완전히 태양을 중심으로 정해져 있소. 태양은 45억 년 후에 사라질 거요. 그렇다면 더 이상 지구의 생명은 가능하지 않소. 그런 방식으로는 구원 또는 생명이 완성될 수 없소. 메시아는 세상 밖에서 다시 세상 안으로 온다오. 은폐된 궁극적인 부활 생명의 세계로 들림을 받아서 하나님과 동격으로 계시다가 이제 세상을 심판으로 완성하기 위해 이 세상으로 오신다는 말이오. 예수님이 타고오실 구름은 그 하늘을 상징하는 그림 언어요.

절대타자 하나님

'우리 아버지'가 하늘에 계시다는 고백은 하나님이 초월적인 존재라는 사실을 가리키오. 초월(超越)은 인간의 인식이나 경험을 넘어서는 어떤 상태를 의미하오. 하나님이 초월적인 존재라는 말은 오래전부터 나온 것이오. 철학도 그런 개념을 말하오. 플라톤의 이데아는 초월적인 세계이자 능력이오. 이런 초월 개념을 기분 나쁘게 생각하는 사람들도 있소. 기분 나쁜 정도는 아니라 하더라도 별로 소용이 없다고 생각하는 사람들은 많소. 특히 요즘처럼 모든 것들을 실증적으로만 계량하고 판단하는 세상에서는 그런 경향이 더 강하오. 이런 경향을 불가지론이라 하오. 우리의 인식을 넘는 것에 대해서는 아예 말도 꺼내지 말라는 주장이오. 불가지론 이야기는 그만두고, 하나님이 초월적인 존재라는 사실을 성서에 근거해서 설명하는 게 좋겠소.

성서는 두 가지 차원에서 하나님의 초월을 말하오. 하나는 하나님의 창조 행위요. 하나님의 창조는 원래 존재하던 것들을 개량한 게 아니라 무(無)로부터의 창조(creatio ex nihilo)요. 무와 유 사이는 절대적인 간극이 있소. 우리는 그 간극을 뛰어넘을 수가 없소. 인간은 세계 안에 들어와 있고, 하나님은 그것을 초월해 있소. 욥기에서 하나님은 욥에게 이렇게 말씀하오. "내가 땅의 기초를 놓을 때에 네가 어디 있었느냐 네가 깨달아 알았거든 말할지니라"(욥 38:4). 과학적 지식이 부족해서 욥이 그럴 수밖에 없었다고 보면 곤란하오. 아무리 과학적 지식이 많아진다고 해도 이런 진술은 변하지 않소. 과학의 첨단을 살고 있는 지금도 우주의 신비는 파악될 수 없소. 그건 시간이 해결해 주지 못하오. 이런 점에서 창조의 하나님은 초월적인 분이시오.

다른 한 차원은 인간의 역사요. 하나님은 인간의 역사를 인간이 예상하지 못하는 방식으로 끌어가시는 분이오. 이스라엘이 이집트에서 해방되고 홍해를 건넌다는 것은 초월적인 하나님의 개입이 없으면 불가능한 일이었소. 우리는 기껏해야 원인과 결과의 인과관계를 살필 수 있을 따름이오. 그것은 제한된 시간 안에서만 가능하오. 그런 방식으로 인류의 역사를 완전하게 파악하는 건 아예 불가능하오. 아이가 죽을 때 어떤 사람이 되어 있을지를 아무도 모르는 것과 같소. 그것은 하나님의 소관이오. 이런 하나님을 초월적이라고 말하지 않을 수 없소.

카를 바르트는 하나님의 이 초월성을 '절대타자'(totaliter aliter) 개념으로 설명하오. 하나님은 인간이 이 세상에서 '존재유비'(存在類比)로 인식할 수 있는 분이 아니라는 것이오. 복음서에 나오는 하나님 나라 비유도 비유일 뿐이지 하나님 나라 자체를 말하는 것은 아니오. 어떤 이들은 하나님의 인격과 사람의 인격을 비슷한 것으로 생각하기도 하오. 하나님도 사람처럼 인식하고, 느끼고, 의지를 갖고 있다고 말이오. 그런 생각은 정확한 게 아니오. 하나님은 어떤 경우에도 인간의 인격과 비슷한 분으로 생각할 수 없소. 그것이 극단화하면 '신인동성동형론'에 빠지오. 오해는 마시오. 하나님의 인격 자체를 부정하는 게 아니오. 다만 하나님을 인간적인 범주로 제한하지 말아야 한다는 뜻이오.

아무래도 여기서 하나님이 인격적인 분이라는 말의 의미를 설명해야겠소. 한국 교회에서는 그것의 오해로 벌어지는 신앙의 왜곡이 적지 않으니 말이오. 하나님의 인격이라는 말보다는 하나님의 위격(位格,

persona)이라는 말이 더 정확하오. 그렇지만 교회에서 일반적으로 사용하는 단어는 인격이니 그냥 인격이라 하겠소. 하나님을 인격적인 분이라고 말하는 사람들 중에서는 매사를 하나님께 물어보고 말하고 행동해야 한다고 생각하는 분들이 있소. 그렇게 가르치는 목사들도 많소. 예컨대 아이가 감기에 걸려서 콧물이 나오면 콧물이 나오지 않게 해달라고 기도한다는 식이오. 하나님을 향한 순전한 마음이야 탓할 것은 없지만 하나님을 일상의 해결사로 인식하는 것은 문제요. 부부가 성관계를 앞에 두고도 하나님께 기도해야 한다는 말이 되오. 하나님이 인격적이라는 말은 하나님이 사람의 생각을 뛰어넘어 고유한 차원에서 구원을 실행한다는 뜻이오. 여기서 인격은 자유를 가리키오. 하나님이 인격적이라는 말은 하나님은 자유롭다는 뜻이오. 한국 교회 신자들은 뜨거운 믿음이라는 명분으로 어린아이 같은 신앙에 떨어지고, 하나님을 일상사를 해결하는 존재쯤으로 여기고 있소. 한마디만 더하겠소. 세상살이는 그냥 세상살이로 살아가시오. 모든 걸 하나님의 이름으로 하지 마시오. 주기도를 다룬 책의 한 대목을 읽어 주겠소.

이 기도에서처럼 '우리 아버지'가 '하늘에 계신'다는 것을 이상하게 여기는 이들도 있을 것이다. 우리 대부분은 자신이 하나님께 가까이 가고 싶어 하는 사람이라고 생각한다. 그러나 사실 우리는 '참 하나님이 아닌' 어떤 신을 더듬어 찾는 것이며, 그런 신과 '친하게 지내고' 싶어 하고, 그런 신을 '내가 필요한 친구'로 생각하는 것이다. 이처럼 우리는 어

떻게든 하나님을 자기 형상대로 만들어 내려 하고, 급기야 어떤 이들은
'사용자 중심의(user-friendly) 교회'를 만들어야 한다고 말하기도 한다.
카펫이 깔린 침실 같은 본당에 푹신한 의자가 놓여 있고, 부대시설로
농구장을 구비한, 주변 문화와 너무도 흡사하게 만들어진 이 교회에서
우리는 무엇인가 낯선 것, 기이한 것과 마주칠 일은 전혀 없다. '하늘에
계신' 하나님께 기도한다는 것은 하나님을 자기 취향에 맞게 길들이려
고 하는 현대인들에 대한 경고다. (스탠리 하우어워스 · 윌리엄 윌리몬, 《주여,
기도를 가르쳐 주소서》, 이종태 옮김, 복있는사람, 57쪽)

그대도 현대 그리스도인들이 자신들의 문화적 취향에 따라서 하나
님을 찾는다는 위 주장에 동의할 것이오. 그들이 찾는 하나님은 오늘
날 자본주의에 어울리는 분이오. 복을 주신다오. 일당백의 능력을 주
시는 분이라오. '긍정의 힘'으로 대표되는 하나님이오. 소위 경배와 찬
양이라는 슬로건으로 자행되는 '열린예배'의 주인공이오. 이런 하나님
을 찾는 이들은 하나님 나라에서도 그런 익숙한 삶이 지속될 것으로
믿을 것이오. 취미가 같은 사람들이 모여서 즐겁게 놀이를 하는 그런
세상을 머리에 그릴 것이오.

주기도는 하나님이 하늘에 계시다고 말하고 있소. 하늘은 단지 우주
공간을 가리키는 게 아니오. 하나님이 우리의 생명 형식과 질적으로
다르게 존재하는 분이라는 사실을 가리키오. 그 하늘은 은폐된 생명의
장소요 궁극적인 생명이 숨어 있는 곳을 가리키오. 만약 우주 어딘가

주기도란
무엇인가

에 지성이 있는 생명체가 있다고 생각해 보오. 그는 지구의 인간과 비교할 때 어떤 생명체이겠소? 우리의 상상을 초월할 거요. 산소를 호흡하지 않아도 생명에 아무 지장이 없을 수도 있소. 날개 없이도 공중을 날아다닐지도 모르오. 지금 우주에 생명체가 있다는 말을 하려는 게 아니오. 우리에게 익숙하지 않은 세계를 좀 생각해 보라는 것이오. 하나님을 우리에게 익숙한 대상으로 여기지 말라는 것이오. 익숙한 것에만 평화를 느끼는 사람이라면 주기도를 드릴 필요가 없소.

하나님이 초월적인 존재이고, 그래서 절대타자라고 한다면 인간은 무슨 방법으로도 하나님을 인식하거나 경험할 수 없다는 말이 되는 거요? 아니오. 하나님은 초월적이지만 이 세상에 자신을 계시하는 분이오. 그는 계시의 하나님(Deus revelatus)이오. 하나님의 계시를 인간이 얼마나 정확하게 인식하는지는 단정적으로 말할 수 없소. 신구약성서는 하나님의 계시에 나름으로 응답한 흔적들이오. 성서에는 인간의 인식론적 한계로 인해 하나님의 계시를 잘못 이해한 대목도 있소. 더 정확하게 말하면, 잘못 이해했다기보다는 충분하게 이해하지 못한 거요.

우리의 하나님은 우리를 아버지처럼 보호하시는 분이면서 동시에 초월적인 분이시오. 그래서 주기도는 "하늘에 계신 우리 아버지여!"로 시작하오. 초월적인 분이기 때문에 우리를 구원하실 수 있소. 우리 생명의 온전한 보호자요. 우리는 다른 분이 아니라 바로 그분께 기도를 드리는 거요. 그런 기도 말고 우리가 우리의 구원을 위해 할 일은 하나도 없다고 해도 과언이 아니오.

첫 번째 간구

당신의 이름이
거룩히 여김을 받으시고

지금까지의 설명을 통해서 하나님에 대한 표상이 어느 정도 정리되었소? 이것을 잊지 마시오. 아는 만큼 보인다는 명제는 우리 신앙의 세계에도 그대로 적용된다오. 한국 교회 신자들은 알려고 하지 않고, 그냥 경험하기만 바란다오. 그게 얼마나 위험한지는 그대도 대충 알고 있을 거요. 단적으로 한국 교회에 이단이 자주 발흥하는 이유도 이런 특성에 있다오. 인간에게는 종교심이 있으니까 단순히 열광만으로도 무언가 깊은 신앙 경험을 한 것 같은 기분이 든다오. 새벽에 정화수 한 사발을 부엌이나 뒤꼍 장독대에 올려놓고 간절한 마음으로 비는 이들이 우리 선조들 중에 많았소. 뭔가 뜨거운 종교적 감정이 밀려올 거요. 이런 경험들은 모든 종교에 일반적으로 주어지는 것들이오. 기독교 신앙을 이런 식으로만 접근하게 된다면 결국 기독교적 영성으로 들어가지는 못할 거요. 그대는 하나님을 아는 일에 주력하기 바라오. 주기도 공부 역시 하나님을 아는 과정이라오. 아는 것만큼 우리는 하나님의 세계를 경험하게 될 거요. 어떻소? 우리가 왜 하나님을 하늘에 계신 우리 아버지라고 불러야 하는지를 알게 되었소? 그래서 하나님 표상이 넓어진 거요? 이제 우리 공부의 진도를 본격적으로 나가게 되었소. 주기도에는 아래와 같이 여덟 개의 간구가 나온다오.

1 하나님의 이름: 당신의 이름이 거룩히 여김을 받으시고
2 하나님의 나라: 당신의 나라가 임하시고
3 하나님의 뜻: 당신의 뜻이 이루어지이다

4 일용할 양식: 일용할 양식을 주시고

5 죄: 우리 죄를 사하여 주시고

6 시험: 시험에 들게 하지 마시고

7 악: 악에서 구하소서

8 영광송: 나라와 권세와 영광이 아버지께 영원히 있사옵나이다

1~3번은 하나님을 위한 간구요. 형식이 똑같소. '당신의 이름'(오노마수), '당신의 나라'(바실레이아 수), '당신의 뜻'(셀레마 수)이 거론되오. 4~7번은 우리 인간을 위한 간구요. 8번 영광송은 원래 권위 있는 사본에는 나오지 않소. 주기도가 예배의 한 자리를 차지하게 되면서 이 구절이 들어간 것 같소. 병행구인 누가복음 11장 1-4절에도 이 영광송이 빠졌소. 그뿐만 아니라 '당신의 뜻'과 '악' 항목도 빠졌소. 그러니까 누가복음에는 8개 중에서 3, 7, 8 이렇게 세 항목이 없소. 병행구를 연구할 때 오리지널에 가까운 것을 고르려면 구절이 짧은 것이오. 일반적으로 그런 거지 늘 그런 것은 아니오. 누가복음의 주기도가 원래의 것에 가깝다고 보면 되오.

이왕 말이 나온 김에 마태복음의 주기도와 누가복음의 차이를 더 찾아보겠소. 예수님이 주기도를 제자들에게 가르쳐 주신 이유는 제자들이 먼저 원했기 때문이라는 것이 누가복음의 증거요. 제자들은 요한도 제자들에게 기도를 가르쳐 주었다는 점을 짚었소. 이에 반해 마태복음은 종교적 위선을 경계하는 과정에서 예수님이 스스로 나서서 제자들

에게 주기도를 가르쳤다고 말하고 있소. 마태복음 6장 1-4절은 구제를 은밀하게 해야 한다고 하고, 16-18절은 금식할 때 외식으로 하지 말라고 가르치오. 그 중간인 5-15절에 주기도 이야기가 나온다오. 주기도를 다루는 본문에서도 두 가지 잘못된 기도를 지적하고 있소. 하나는 바리새인들의 외식하는 기도요. 이들은 자신들의 경건을 다른 사람에게 알리려고 기도하오. 예수님은 골방에 들어가서 은밀하게 기도하라고 말씀하셨소. 다른 하나는 이방인의 중언부언하는 기도요. 하나님은 사람들에게 필요한 것을 이미 아시니 중언부언하는 기도를 드리지 말라고 하셨소. 이 두 왜곡은 하나님과의 관계로 들어가지 못했다는 데에 있소. 전자는 다른 사람에게 자기를 나타내는 수단이 되었고, 후자는 심리적인 불안을 해소하는 수단이 되고 말았소.

이름 붙일 수 없는 하나님

주기도의 구체적인 첫 간구는 "이름이 거룩히 여김을 받으시오며"요. 고대인들에게 이름은 특별한 의미가 있소이다. 그 사람의 전체 인격과 권위를 담보하는 것이오. 여기서 '당신의 이름'은 바로 하나님의 권위를 가리키오. 그 이름이 거룩히 여김을 받는다는 말은 그 권위가 그대로 드러나기를 바란다는 뜻이라 할 수 있소. 이것은 십계명의 제3계명과 상통하오. "너는 네 하나님 여호와의 이름을 망령되게 부르지 말라." 이런 구절을 실감나게 듣는다는 것은 쉽지 않소이다. 두 가지 이유가 있소. 하나는 하나님에 대한 우리의 인식이 명확하지 않다는 사실이고, 다른 하나는 신앙적인 용어와 삶의 용어가 일치하지 않는다는 사실이오. 두 이유가 다 중요하지만, 여기서는 일단 두 번째 사실만 더 설명하겠소. 그것이 우리의 신앙생활 전반에 연관되기 때문이오.

지금 우리의 삶을 전적으로 지배하는 것은 비종교적인 세계요. 아침부터 잠자리에 들 때까지 종교적인 것과는 거의 상관없이 지내고 있소. 여기 젊은 어머니가 있소. 아침 일찍 일어나서 가족을 위해 아침밥을 짓소. 남편을 출근시키고, 아이들을 학교에 보내오. 걱정도 많소. 남편이 직장에 잘 붙어 있을지, 아이들이 좋은 대학에 들어갈 수 있을지 말이오. 주택 대출금도 갚아야 하고, 시댁과 친정의 대소사를 챙겨야 하오. 이런 일들은 종교적인 것과는 아무 상관 없이 진행되는 세속적인 것이오. 이런 일상이 무의미하다는 말이 아님을 그대도 알 거요. 이런 일에 완전히 빠져 있다가 하나님의 거룩한 이름을 부를 수는 없소. 하나님 나라도, 칭의와 종말도 거리가 너무 머오. 이렇게 살다가 주일에 교회에 나와서 예배를 드리오. 찬송, 기도, 성경 봉독, 설교, 성찬식을 따라가오. 어떤 일이 벌어지겠소? 이들의 영혼은 물과 기름처럼 예배와 완전히 따로 놀 수밖에 없소. 예배 안으로 들어가지 못하오. 온갖 다른 생각이 머리를 가득 채우고 있소. 그래도 어쩔 수 없이 예배를 드리오. 신앙의 매너리즘에 빠지게 되오. 이런 상황을 타개하려고 요즘은 예배에 온갖 퍼포먼스가 행해지고 있소. 청중을 감각적으로 자극하는 거요. 이와 달리 매우 종교적인 사람들도 있소. 그들은 주일만이 아니라 거의 매일 교회에 나가오. 집에서도 성경 읽기와 기도를 쉬지 않소. 겉모양만 본다면 아주 경건한 그리스도인들이오. 하지만 그들이 성서의 세계에 들어갔다는 보장은 어디에도 없소. 종교적인 형식을 삶에 밀착시키려고 노력하는 거지만 그들의 경우도 역시 물과 기름이오. 전자나 후자나 신앙과 삶의 일치는 찾기 어렵소.

이런 문제를 가장 예민하게 생각한 신학자는 디트리히 본회퍼요. 기독교의 자리를 인간의 원초적인 종교성에 놓지 말아야 한다고 주장했소. 이 종교성은 신의 도움으로 불행을 면하고 삶의 조건들을 확장시키려는 태도를 가리키오. 기복 신앙이라고 하면 잘 전달될 거요. 이런 신앙에서 살아가는 사람들에게 하나님은 자동응답기요. 본회퍼는 그런 신앙을 미몽이라고 보았소. 성숙한 사람들은 그런 식으로 하나님을 찾을 수 없다는 거요. 본능적인 종교성이 아니라 삶의 중심으로 들어가야 하오. 그것은 세속의 삶을 가리키오. 본회퍼의 비종교화를 기도, 찬송, 예배 같은 종교의식 거부라고 생각하면 안 되오. 기독교 신앙과 삶의 일치를 강조한 거요.

위의 설명을 더 정확히 이해하려면 성서의 세계로 들어가는 것과 경건 생활에 길들여지는 것을 구별해야 하오. 이것이 무엇인지는 그대가 잘 알 것으로 보고, 긴말하지 않겠소. 한마디만 하겠소. 음악 경험이 있는 사람의 노래와 기술에만 집착하는 사람의 노래가 다른 것과 비슷하다오. 그 차이를 구분하기는 쉽지 않소. 왜냐하면 음악 경험은 숨어 있기 때문이오. 요즘은 피아노에 컴퓨터를 연결해서 연주하기도 한다 하오. 컴퓨터는 실수를 전혀 하지 않고 연주할 수 있지만 그걸 살아 있는 연주라고 하지는 않소. 전문 피아니스트는 실수를 하더라도 살아 있는 연주를 하오. 경건 생활에 머물지 않고 성서의 세계를 만나는 그대가 되었으면 하오.

그대는 하나님의 '이름'이 있다고 생각하시오? 이름은 사람이나 사물에 대한 규정이오. '꽃'이라는 이름은 꽃을 규정하오. 김춘수의 〈꽃〉이라는 시가 말하듯이 꽃이라고 부를 때 꽃이 사람에게 꽃으로 경험되는 거요. 언어존재론 철학자들의 설명에 따르면 사물이 있기 전에 언어가 먼저 있었다고 하오. 꽃이라는 사물보다 꽃이라는 이름이 먼저 있었다는 말이오. 말장난으로 듣지 마시오. 사물과 언어의 깊이를 뚫어 보려는 시도요. 성서의 전통에서는 이런 언어존재론적인 관점이 중요하오. 하나님께서 '말씀'으로 세상을 창조하셨다 하오. "빛이 있으라"는 하나님의 말씀이 먼저 있었고, 그 뒤에 빛이 생겼소. 사물에는 이름이 반드시 따라다니오. 아담이 모든 동물들에게 이름을 붙였다는 사실도 이것과 연결되오. 하나님께 이름을 붙이는 건 불가능하오. 왜냐하면 하나님은 사람에 의해 규정되는 분이 아니기 때문이오. 성서도 하나님께 이름을 붙이지 않소. '하나님'도 그분의 원래 이름은 아니고, '여호와'도 이름은 아니오. 하나님께는 이름이 있을 수 없소. 판넨베르크가 말했듯이 '만사를 규정하는 현실성'(die alles bestimmende Wirklichkeit)인 하나님을 우리가 어찌 규정한다는 말이오. 그냥 '주'라고 하든지, '당신'이라고 불러야 마땅하오.

하나님의 이름에 관한 유명한 이야기가 모세 전승에 나오오. 두 대목이오. 첫 대목은 모세의 소명 이야기요. 모세는 우연히, 또는 작심하고 호렙 산에 갔다가 불이 붙었지만 타지는 않는 떨기나무를 보았소. 거기서 하나님을 경험하오. 그는 하나님 뵙기를 두려워하여 얼굴을 가렸다고 하오(출 3:6). 모세는 바로에게 학대당하는 이스라엘 자손을 끌어 내라는 하나님의 명령을 듣소. 그는 자기 민족을 떠난 지 40년이 되었소. 살인 사건에 연루되어 더 이상 애굽의 왕자로 살지 못하고 미디안 광야의 목자로 살아야 했소. 그가 하나님의 명령을 실천하겠다고 자기 민족에게 돌아왔다 한다면 별로 환영받지 못할 거요. 하나님의 소명을 받은 증거가 있어야만 했소. 그는 자기를 보낸 하나님이 누구인지, 이름이 무엇인지 이스라엘 백성들이 물으면 어떻게 대답해야 할지 알려 달라고 했소. 대답은 이렇소. "나는 스스로 있는 자이니라"(출 3:14). 개역개정역의 난외주에 "나는 나다"라고 나오오. 루터는 이렇게 번역했소. "Ich werde sein, der ich sein werde." 이 말은 '나는 존재하게 될 바로 그 존재이다.' 또는 '나는 나로 존재할 것이다'로 번역될 수 있소. 이 말이 같은 구절에 반복해서 나오오. 이어 15절에서 "이는 나의 영원한 이름이요 대대로 기억할 나의 칭호니라"라고 되어 있소. 이상하지 않소? '스스로 있는 자'는 이름이 아니오. 오히려 이름이라는 규정을 거부한다는 뜻이오. 이런 존재는 도대체 어떤 분이오? 다르게 말하면 이렇게 말할 수 있소. '나는 존재의 근거를 내부에 두고 있는 자다.' 이런 존재는 세상에 하나님 외에는 없소. 모든 것들은 외부에 존재의 근거가 있소. 심지어 하늘의 태양과 모든 별들도 외부에 존재의 근거가 있소. 우주의 어떤 힘에 의해 별이 되기 때문이오. 스스로 존재하는 것은 하나도 없소. 그러니 하나님께 이름을 붙일, 즉 규정하고 범주화할 생각을 아예 말라는 것이오. 그렇게 해봤자 아무 소용이 없다는 뜻이오. 이것은《도덕경》의 첫머리와 비슷한 개념이오. "도가도 비상도(道可道 非常道) 명가명 비상명(名可名 非常名)."

스스로에게 질문해 보시오. 모세에게 출애굽이라는 '미션 임파서블'을 주신 하나님은 누구요? 우리가 이름을 붙일 수 없는 그분은 누구요? 그대는 몇 가지 답을 알고 있을 거요. 세상을 창조하신 분, 앞으로 세상을 심판하고 완성하실 분, 인간을 구원하기 위해 육신을 입으신 예수 그리스도, 우리를 진리로 이끌어 주시는 성령이라고 말이오. 이런 대답을 교리문답 차원이 아니라 세계의 차원으로 아는 게 필요하오. 앞에서 지적한 것을 기억하오? 음악 경험을 실제로 한 사람과 단지 기술에 집착하는 사람은 노래가 다르다고 했소. 겉으로는 잘 드러나지 않아서 눈치 채지 못하지만 그 차이는 엄청난 거요. 하나님을 아는 것은 음악 경험과 비슷하오. 그것이 없으면 결국 하나님 경험은 불가능하오. 모든 그리스도인이 신학 공부를 전문적으로 해야 한다는 뜻은 아니오. 신학적인 마인드가 필요하오. 전문적인 철학 공부는 하지 않아도 삶을 성찰하는 마인드는 세상을 살면서 필요한 것과 같소. 그래서 우리는 '스스로 있는 자'인 그분의 이름이 거룩히 여김을 받는다는 주기도의 한 대목에 대해 신학적 성찰을 나누는 중이라오.

두 번째 대목은 시내 산에서 일어난 율법 수여와 연관이 있소. 시내 산은 호렙 산과 같은 산이오. 전승에 따라 이름이 달리 붙여진 것뿐이오. 모세는 이스라엘 백성을 애굽에서 무사히 끌어낼 수 있었소. 이제 광야 생활을 해야 하오. 쉬운 일이 아니오. 애굽과 광야는 전혀 다르오. 애굽이 도시 생활이라면 광야는 시골 생활이오. 수세식 화장실을 사용하던 사람이 재래식 화장실을 사용한다고 생각해 보시오. 더구나 이스라엘은 앞으로 가나안에 들어가야 하오. 그곳에는 이미 고도의 문명을 자랑하는 민족이 여럿 살고 있었소. 자칫하면 가나안에서 민족의 정체성을 상실할지도 모르오. 그런 위기는 계속되었소. 이스라엘의 민족 정체성 확보에 가장 중요한 작업은 율법 제정이오. 모세는 출애굽 후 얼마 지나지 않아서 시내 산을 올랐소. 처음 소명을 받은 곳에 율법을 받기 위해 다시 올라간 거요. 일이 다 끝난 뒤 모세는 소명을 받을 때 하나님의 이름을 물었던 그 비슷한 심정으로 하나님을 보고 싶다고 말했소. "원하건대 주의 영광을 내게 보이소서"(출 33:18). 그럴 만하오. 율법을 받기는 했지만 그것이 하나님께 온 것인지 아닌지를 확인하고 싶었던 것이오. 그뿐만 아니라 앞으로 40년을 견디기 위해서라도 어떤 특별한 경험이 필요했을 거요. 하나님이 모세의 요구에 어떻게 반응하셨을 거라고 보오? 간단히 말하겠소. 거절하셨소. 그 이유는 다음의 대답에 있소. "네가 내 얼굴을 보지 못하리니 나를 보고 살 자가 없음이니라"(출 33:20). 하나님은 모세를 바위틈에 숨기시고 지나가셨소. 모세는 하나님의 얼굴은 보지 못하고 등만 볼 수 있었소.

이야기를 다시 정리하겠소. 주기도를 드리면서 하나님의 이름이 거룩히 여김을 받으시길 바란다고 하지만, 실제로 하나님께는 이름이 없으며, 이름을 붙일 수도 없다오. 여기서 말하는 '이름'은 오히려 하나님의 '행위'라고 보는 게 맞소. 모세를 애굽으로 보내서 이스라엘 백성을 구해 내라는 명령을 내리시고 행하신 그분의 행위가 그의 이름이오. 아브라함을 부르신 그 행위가 하나님의 이름이오. 이 말은 하나님이 행위로 존재하는 분이라는 뜻이기도 하오. 따라서 '당신의 이름'이 거룩히 여김을 받는다는 기도는 하나님의 행위가 거룩하게 드러나기를 바란다는 의미요.

거룩은 하나님 경험에서 나온다

여기서 '거룩'이 무엇인지를 생각하는 게 좋겠소. 예언자 이사야는 예루살렘 성전에서 특별한 환상을 목도했소. 그는 천사들이 이렇게 외치는 소리를 들었다고 하오. "거룩하다 거룩하다 거룩하다 만군의 여호와여 그의 영광이 온 땅에 충만하도다"(사 6:3). 모세의 호렙 산 전승에도 이런 말이 나오오. "네가 선 곳은 거룩한 땅이니 네 발에서 신을 벗으라"(출 3:5). 그대는 성서의 이런 표현을 실질적으로 생각해야 하오. 도대체 무엇이 거룩하다는 것이오? 예루살렘 성전은 당대 최고 건축물이니 그 앞에 서면 뭔가 거룩한 감정을 느낄 법도 하오. 로마의 성베드로 성당 같은 중세 종교 건축물에 들어가 느끼는 것과 비슷하오. 그러나 아무리 종교적인 품위가 가득한 건축물이라 해도 그 자체가 거룩한 것은 아니오. 거기에 사용된 건축 자재는 어디서나 구할 수 있는 것이오. 히말라야의 높은 산에 올라서면 거룩한 감정을 느낀다고 하오. 그렇다고 해서 산 자체를 거룩하다고 할 수는 없소.

거룩은 하나님 경험에서만 나올 수 있소. 이미 이 세상에 있거나 우리가 만들어 낼 수 있는 것에서는 거룩한 경험이 불가능하오. 컴퓨터를 생각해 보시오. 얼마나 뛰어난 기계인지 모르겠소. 하지만 컴퓨터를 거룩하다고 하지는 않소. 간혹 사람을 성자라고 말하기는 하오. 그러나 사람 자체가 거룩한 존재는 아니오. 거룩한 힘이 그를 사로잡고 있을 뿐이오. 거룩하다는 말은 이 세상의 사물이나 사람이 아니라 하나님 경험에서만 가능한 말이오. 거룩과 하나님 경험은 순환하고 있소. 거룩한 이가 하나님이고, 하나님은 거룩한 이요. 하나님 경험은 곧 거룩에 대한 경험이고, 거룩에 대한 경험이 곧 하나님 경험이오.

여기에 어울리는 다른 용어는 영광이오. 이사야는 "만군의 여호와여 그의 영광이 온 땅에 충만하도다"(사 6:3)라는 외침을 들었소. 바울의 진술을 들어 보시오. "우리가 다 수건을 벗은 얼굴로 거울을 보는 것 같이 주의 영광을 보매 그와 같은 형상으로 변화하여 영광에서 영광에 이르니 곧 주의 영으로 말미암음이니라"(고후 3:18). 영광(카봇)은 하나님의 실존을 가리키오. 그것을 우리가 살아 있는 동안에는 직접 경험할 수 없소이다. 이게 우리의 딜레마요. 직접 경험할 수 없으나 반드시 경험해야 할 어떤 것이 바로 하나님의 영광이오. 그래서 사람들은 그것에 대해 무감각해졌소. 관심도 없소. 마치 주어진 대로 사는 것과 비슷하오. 이는 곧 우리의 신앙생활에 거룩한 빛이 들어오지 않는다는 말이오. 카봇을 손짓해야 할 설교자들도 여기에는 맹탕이오. 하나님의 은혜를 감동적으로 설파하는 저자 브레넌 매닝의 말을 들어보시오.

> 나는 예수님 얼굴에 빛나는 하나님의 영광에 관한 강론이나 설교를 평생 한 번도 들어 보지 못했다. 현대 설교자들이 이 주제의 설교에 인색한 것은 어쩌면 우리가 하나님의 카봇과 한 번도 스친 적이 없다는 사실 때문일 것이다. 아니면 단순히 우리가 개념을 설명할 엄두가 안 날 수도 있다. (중략) 그러나 신비를 피하는 것은 곧 경배와 영광과 찬송받기에 합당하신 유일하신 하나님을 피하는 것이다. 아울러 그것은 구도자들과 신자들 양쪽 모두의 갈증을 채워 주지 못한다. 일요일 아침 우리의 잡담거리나 되는 점잖고 사무적인 로터리클럽 풍의 하나님을 거부하고, 경외와 말없는 공경과 전폭적 헌신과 전심의 신뢰를 받기에 합당하신 하나님을 찾는 자들의 영적 갈증을 말이다. (브레넌 매닝, 《신뢰》, 윤종석 옮김, 복있는사람, 83쪽)

하나님의 영광과 신비는 그리스도 신앙의 핵심이오. 창조와 종말도 신비요. 그 이유를 알지 못한다면 그대는 아직 그리스도교 신앙의 깊이로 들어가지 못한 것이오. 그 신비가 역사 속으로 돌입한 사건이 예수님의 부활이오. 베드로 사도의 말을 들어 보시오. "너희는 택하신 족

속이요 왕 같은 제사장들이요 거룩한 나라요 그의 소유가 된 백성이니 이는 너희를 어두운 데서 불러내어 그의 기이한 빛에 들어가게 하신 이의 아름다운 덕을 선포하게 하려 하심이라"(벧전 2:9). 기이하다는 말은 놀랍다는 말이오. 놀라운 이유는 사람이 이 세상에서 생산해 낼 수 있는 것과는 차원이 다르기 때문이오. 그래서 그것을 신비라고 부르는 거요. 믿음이 좋다고 자처하는 그리스도인들도 신비에 대한 경험이 없소. 기껏해야 예수 믿고 만사가 잘 풀렸다는 간증에만 떨어지오. 브레넌 매닝의 지적처럼 시시껄렁한 에피소드로 시간을 허비하고 있소.

종교학자 루돌프 오토의 《성스러움의 의미》(Das Heilige)를 혹시 읽어 보았소? 오토는 종교경험의 본질을 '누미노제', 즉 '거룩한 두려움'이라고 했소. 두려움이면 두려움이지 도대체 '거룩한' 두려움이라는 게 무슨 말이오? 내 둘째 딸 이야기를 잠깐 하겠소. 그 아이가 첫돌이었는지, 두 살 때였는지 생일 케이크에 촛불을 밝혔소. 그 아이가 촛불을 바라보는 표정이 지금도 잊히지 않소. 신기하고 놀랍다는 표정이었소. 촛불을 처음으로 본 모양이오. 그전에도 보았을지 모르지만 아이의 의식에 자리를 잡아 표정으로 나타날 정도로 경험한 건 그때가 처음일 거요. 그 모습을 보면서, 처음 불을 발견한 유인원들의 느낌이 어땠을지 상상해 보았소. 당시 유인원을 가리켜 호모 에렉투스(homo erectus)라 부르오. 직립인(直立人)이오. 두 발로 우뚝 서서 세상을 볼 수 있었던 그들이 불을 본 거요. 불은 그들이 일상에서 경험하던 것과는 전혀 성질이 다르오. 불이 나무와 동물들을 태우는 걸 보고 무서운 짐승 같다는 생각을 했을지 모르오.

누미노제는 완전히 낯선 것을 경험했을 때 나타나는 충격을 가리키오. 그 낯선 이가 하나님이오. 어느 정도로 낯선지는, 그에게 이름을 붙일 수 없다는 것과 그를 본 자는 죽는다는 사실에서 확인할 수 있소. 좀더 진지하게 생각해 보시오. 누미노제 경험이 실제로 어떤 것이겠소? 그대는 직접 경험해 보았소? 이런 질문에 까딱 잘못 대답하면 사이비 교주가 될 수 있소. 위험한 질문이고, 위험한 대답이오. 인류 역사에서 신탁을 받은 자처럼, 더 나아가 자신이 신이거나 신의 아들인 것처럼 외친 이들이 많았소. 예수도 그런 이들 중의 하나라는 조롱을 받았소. 이런 의심은 지금도 여전하오. 우리는 대답할 준비를 해야 하오. 지금 이 공부가 바로 그런 준비의 일환이기도 하오.

그대는 어떤 때 거룩한 두려움을 경험하시오? 어떤 이들은 예술가들의 영감이 그것이라고 대답할 거요. 절제할 수 없는 어떤 영에 사로잡히는 거요. 거의 신들림 상태에서만 예술 행위는 가능할 거요. 그런 경험은 낯선 것을 경험하는 데서 오는 것이 분명하오. 철학자들이 말하는 존재나 도(道) 경험도 비슷하오. 자신들의 인식과 경험을 근본적으로 뛰어넘는 어떤 세계와 접하는 거요. 그 외에 크고 작은 종교 경험이 여기에 해당하오. 큰 틀에서 보면 기독교의 하나님 경험도 이와 비슷하오. 그런 현상이 성서 곳곳에 있소. 기독교의 결정적인 하나님 경험은 예수 그리스도를 통해 주어진다는 것이 다른 종교나 철학, 예술 경험과의 차이요. 예수 그리스도의 가르침과 행위를 보고 많은 사람들이 놀랐다는 표현이 복음서에 자주 나오오. 그 놀라움이 바로 누미노제, 즉 거룩한 두려움이오.

예수 그리스도 사건을 타성적으로 받아들이는 그리스도인들이 많소. 예수가 우리를 편하게 해준다는 거요. 내 건강도 지키고, 직장도 지키고, 가정도 지키는 분이니 아주 익숙한 분이오. 마치 집안의 품위를 높여 주는 샹들리에 역할을 하는 거요. 적당한 장소에 늘 자리해서 삶을 평안하게 해주는 대상인 거요. 그런 방식으로 영성의 긴장을 지속시킬 수는 없소. 그래서 사람들은 '영접'의 뜨거움을 살려 내려고 애를 쓰오. 자신의 감정을 고조시키려고 애를 쓰오. 일종의 복고적인 신앙으로 돌아가는 것이오. 그런 방식이 근본적으로 한계를 보이는 이유는 예수 그리스도 사건으로 들어가는 게 아니라 자신에게 매달려 있기 때문이오. 생각해 보시오. 연인들도 첫사랑에만 빠져 있을 수는 없지 않겠소. 우리의 영성이 살아나려면 예수 그리스도 사건을 전체적으로 낯설게 경험하는 데서 시작해야 하오. 낯설다는 말보다는 새롭다는 말이 낫겠소. 모양만 새로운 게 아니라 내용까지 새롭게 다가와야 하는 거요. 거기서 우리는 '거룩한 두려움'을 느낀다오. 네가 선 땅은 거룩한 곳이라는 말, 그리고 하나님의 영광이 온 세계에 가득하다는 말이 그런 경험을 가리킨다오. 그대는 그쪽으로 가고 있소? 아니면 신앙생활의 요령만 느는 거요?

다시 말하오. 하나님 앞에서 사람은 거룩한 두려움을 느낄 수밖에 없소. 거룩한 두려움을 경험한 사람은 하나님 앞에 직면한 거요. 하나님을 모르거나 인정하지 않는다면 그런 경험도 불가능할 거요. 거룩한 두려움은 낯선 것에 대한 경험이라고 했소. 하나님이 전적으로 낯선 이인 이유는 바로 하나님만이 거룩하기 때문이라오. 이것도 이미 언급했소. 하나님만이 거룩하다는 말이 무슨 뜻이겠소? 잘 들으시오. 사람은 하나님을 거룩하게 할 수 없소. 사람이 아무리 거룩한 태도로 예배드린다 해도 하나님이 거룩해지는 건 아니오. 자기 전 재산으로 이웃을 구제하고 자기 몸을 불사르게 내어놓는다 하더라도 사랑이 없으면 아무 유익이 없다는 바울의 말을 기억해 보시오. 하나님의 영역을 사람이 간섭할 수 없다는 뜻이오.

헬무트 틸리케는 하나님의 거룩성을 태양에 비유했소. 아주 적절한 비유인 것 같소. 태양이 밝은 것은 우리의 능력이 아니라 태양 자체의 능력이오. 우리는 어떤 노력으로도 태양을 더 밝게 할 수 없소. 그런 노력을 하는 것은 주제 파악이 안 되었다는 말이오. 우리가 할 일은 빛으로 나아가는 거요. 그늘에 앉아 있으면서 태양을 원망하는 것도 우스운 꼴이오. 태양 밑에 가기만 하면 아무 노력을 하지 않아도 빛과 열을 받을 수 있소. 태양에 노출된 돌을 향해 따뜻해지라고 말할 필요가 없는 것과 같소. 문제는 사람들이 스스로 태양이 된 듯이, 혹은 자신이 주도적으로 태양을 도와서 뭔가를 할 수 있다고 생각하거나 행동하는 것이오.

출애굽기 20장 7절을 기억해 두는 게 좋소. "너는 네 하나님 여호와의 이름을 망령되게 부르지 말라 여호와는 그의 이름을 망령되게 부르는 자를 죄 없다 하지 아니하리라." 인류 역사에서 하나님의 이름을 망령되게 하는 사람들은 많았소. 출애굽기 기자는 그것을 가리키는 거요. 그런데 이 말이 좀 막연하게 들릴 수 있소. 하나님을 바로 믿지 않는다는 말인지, 부도덕한 행동을 가리키는지 분명하지 않소. 이 말씀이 막연하게 들리는 이유는 망령되다는 것이 무슨 뜻인지 생각이 각자 다르기 때문이오. 일반적으로는 반사회적 행동을 가리키오. 하나님이 창조한 세계를 파괴하는 것이오. 이런 일은 분명히 하나님의 이름을 망령되게 부르는 것이오.

파렴치한 반사회적 폭력은 밖으로 드러나니까 나름대로 방어할 수 있소. 합법적인 폭력은 정의라는 명분을 내세우기 때문에 쉽게 드러나지 않소. 그래서 더 위험하오. 국가의 이름으로 일어나는 전쟁은 합법적인 폭력이오. 히틀러의 광기도 합법적으로 행해졌소. 십자군 전쟁이나 마녀사냥도 합법적인 폭력이었소. 조금 더 세련되게 폭력이 일어나기도 하오. 오늘 대한민국의 청소년들은 교육이라는 미명 아래 폭력을 당하고 있소. 그리스도교 정신으로 학교를 운영하는 미션 스쿨도 다르지 않소. 청소년을 경쟁 만능의 도구로 만드오. 그게 하나님의 이름을 망령되게 부르는 일임을 전혀 생각하지 않소. 아무리 인격적으로 괜찮고, 신앙적으로 돈독하다 해도 역사와 사회, 인간에 대한 기본적인 통찰이 없으면 이런 어리석음에 떨어질 수밖에 없소.

나는 미국 역사에서 아직도 이해할 수 없는 일이 있소. 조금이 아니라 많소. 미국만이 늘 잘못하는 건 아니오. 자신의 힘을 기준으로 세상을 대하는 개인이나 국가에서 흔히 벌어지는 일들이오. 한 가지만 말하겠소. 그것이 하나님의 이름을 망령되게 부르는 표본이라 생각하기 때문이오. 영국의 청교도들이 종교의 자유를 위해 북아메리카로 들어갔소. 일종의 출애굽이오. 북아메리카에는 인디언들이 평화롭게 살고 있었소. 짧게 이야기하겠소. 청교도가 중심이 된 이 사람들은 인디언들을 힘으로 몰아내고 그 땅을 차지했소. 여기에는 충돌하는 세계관이 있소. 인디언들은 자연과의 일치를, 유럽에서 건너간 사람들은 자연과의 싸움을 세계관으로 삼았소. 결국 인디언들은 인디언 보호구역으로 몰리는 신세가 되었고, 청교도들은 아프리카에서 사온 흑인 노예를 부리면서 부와 권력을 크게 키워 결국 북아메리카의 주인이 되고 말았소. 아프리카도 유럽인들의 식민지가 되었지만 2차 세계대전 이후 거의 다 독립했는데, 북아메리카의 인디언들은 전혀 인정받지 못하고 있소. 미국의 선조인 청교도들이 하나님의 이름을 거룩히 여겼는지, 망령되게 여겼는지 좀더 냉정하게 판단해야 하오.

하나님의 이름이 더럽혀지고 있는 자리는 세상만이 아니라 종교이기도 하오. 예수님의 공생애 마지막 부분에 성전 청결 사건이 나오는 것을 알 거요. 예수님은 성전 책임자들을 향해서 하나님의 집을 강도의 소굴로 만드는 인간들이라고 화를 내셨소. 하나님의 이름으로 하나님의 이름을 더럽히는 일이 가능하다는 말이오. 이런 말을 들으면 어떤 생각이 드오? 당시 제사장들과 바리새인들은 하나님의 이름을 더럽혔지만, 나는 그렇지 않다고 생각하는 거요? 그렇게 역사를 통해 배울 수 있다면 좋소. 그러나 배우는 게 쉽지 않소. 자신의 문제는 객관적으로 성찰되지 않기 때문이오. 히틀러를 지지한 독일의 그리스도인들이 많았소. 많은 정도가 아니라 처음에는 대다수였다고 보는 게 옳소. 히틀러는 독일 민중의 가려운 곳을 긁어 준 인물이었던 거요.

이야기를 정리해서 이렇게 말하겠소. 하나님의 이름이 거룩히 여김을 받기 원한다는 기도에는 두 가지 차원이 있소. 하나는 하나님이 하나님다워지는 세상에 대한 간절한 기다림이고, 다른 하나는 그런 세상에 기꺼이 참여하는 것이오. 기다림은 하나님께만 주도권이 있다는 사실을, 참여는 하나님의 주도권에 순종해야 한다는 사실을 가리키오. 전자가 주(主)고, 후자가 종(從)이오. 기다림 없는 결단은 자기 성취에 떨어질 염려가 있고, 참여 없는 기다림은 값싼 은혜에 떨어질 위험이 높소. 이런 태도로 주기도를 드려야 하오. "당신의 이름이 거룩히 여김을 받으시오며……"

두
번째
간구

당신의 나라가 임하시고

주기도의 두 번째 간구는 '하나님 나라'요. "당신의 나라가 임하시오며." 여기서 '당신의 나라'(바실레이아 수)는 하나님 나라(바실레이아 투 데우)요. 하나님 나라는 앞에서 언급한 '하늘에 계신 우리 아버지'와 깊이 연결되오. 하나님과 하늘은 동의어요. 하나님은 하늘에 계시고, 그 하늘에 계신 분만이 우리의 생명을 지키는 아버지요. 하나님 나라는 그 하늘에 계신 아버지의 나라요. '하나님 나라'라는 단어를 들으면 무슨 생각이 나오? 그대가 그리스도교 신앙의 깊이로 들어가려면 이런 단어의 개념을 깊이 있고 풍부하게 이해해야 하오. 자신의 작은 세계 경험에만 묶이면 그리스도교 영성의 세계는 열리지 않을 거요. 천천히 하나님 나라에 대해 이야기할 테니 들어 보시오.

마태복음과 마가복음에 따르면 예수님의 첫 설교 또는 첫 선포의 내용은 '하나님의 나라'요. "때가 찼고 하나님의 나라가 가까이 왔으니 회개하고 복음을 믿으라"(막 1:15, 마 4:17). 하나님 나라가 가까이 왔다는 말씀이 실감 나지 않을 거요. 당시 사람들도 마찬가지였을 거요. 하나님 나라가 오감으로 느낄 수 있는 것이 아니니 어떻게 실감할 수 있겠소. 이것을 정보의 차원이 아니라 실질의 차원에서 깨우치려면 상당한 공부가 필요할 거요. 죽은 공부가 아니라 산 공부로 말이오. 하나님 나라가 뭐요? 한자로 바꾸면 천국이라고 할 수 있소. 팔복의 첫 항목에서도 '천국'이 언급되오. "심령이 가난한 자는 복이 있나니 천국이 그들의 것임이요"(마 5:3). 다시 묻소. 도대체 하나님 나라는 무엇이며, 어디에 있으며, 어떻게 경험할 수 있는 거요? 이런 질문에 직면하지 않고는 참된 그리스도인이 될 수 없소. 가장 일반적인 생각에서만 본다면 죽은 뒤에 가게 될 천당이 곧 하나님 나라요. 요한계시록의 묵시사상적인 용어로 말하면 최후의 심판 뒤에 오는 새 예루살렘이오. 새 하늘과 새 땅이오. 그 새 하늘과 새 땅은 우주론적인 대변혁을 가리키오. 이런 하나님 나라 표상은 분명히 지금 여기서의 삶과 전혀 다른 차원이오. 여기까지는 크게 이의가 없을 거요. 여기에 조금 더 실질적인 질문을 하겠소. 천당에 가면 지상에서의 삶이 기억나오? 어떤 모습으로 사는 거요? 자식들이 세상 나이로 부모보다 더 오래 살다가 죽어서 천당에 갔다면 자식들이 더 늙은 모습을 하고 있는 거요? 이런 질문에 딱 떨어지는 대답은 이 세상에서 아무도 할 수 없을 것이오. 죽기 전에는 이러한 궁극적인 세계를 경험할 수 없기 때문이오.

복음서의 하나님 나라는 약간 다르오. 죽어서 가는 천당이라기보다는 지금 여기 임박한 하나님의 통치요. 이 말이 죽음 뒤에 오는, 그리고 마지막 심판 뒤에 오는 궁극적인 생명 세계라 할 천국을 부정하는 건 아니오. 그 궁극적인 하나님 나라가 지금 여기와 관계없는 게 아니라는 뜻이오. 어떤 이들은 예수님이 말씀하신 하나님 나라가 마음의 천국이라고 생각하오. 하나님 나라가 언제 임하느냐고 묻는 바리새인들에게 하나님 나라는 볼 수 있게 임하는 것이 아니라 '너희 안에' 있다고 예수님이 대답하신 건 분명하오(눅 17:21). 이 구절에 근거해서 하나님 나라가 사람의 관계라고 주장할 수는 없소. 어떤 절대적인 세계는 언어에 담기지 않기 때문에 예수님의 말씀을 사람들이 오해할 수 있소. 전체적인 맥락을 전제하지 않고 부분적인 말만 끌어들일 때 생기는 오해요. 예수님의 말씀을 좀더 생각하는 게 좋겠소.

포도원 주인의 뜻

예수님의 공생애와 삶은 하나님 나라와 직결되오. 하나님 나라에 근거해서만 예수님의 공생애가 이해된다는 뜻이오. 우선 예수님의 비유를 보시오. 그것은 하나님 나라를 주제로 하오. 씨 뿌리는 자의 비유, 포도원 주인의 비유, 알곡과 가라지의 비유, 탕자의 비유는 하나님 나라 이야기요. 이런 비유에서 하나님 나라는 변혁의 힘으로 제시되오. 그 변혁의 힘은 우리의 모든 고정관념을 무너뜨리오. 예컨대 '포도원 주인의 비유'에서 주인은 한 시간 일한 사람이나 하루 종일 일한 사람이나 모두 한 데나리온을 지급했소. 하루 종일 일한 사람이 불평하는 건 당연하오. 우리가 그 사람이라고 하더라도 똑같이 불평했을 거요. 그러나 주인은 일한 사람들이 아예 말도 꺼내지 못할 정도로 단호한 입장을 보였소. 자기 돈을 자기 마음대로 쓰는 것에 참견하지 말라는 것이오. 한 시간 일한 사람에게도 하루 일당을 지급하는 게 포도원 주인의 뜻이라는 거요. 이 비유에서 하나님은 당신의 고유한 생각과 능력으로 당신의 뜻을 실현하는 분이시오.

바리새인들이 왜 예수님과 심각하게 갈등을 겪었는지도 이런 데서 알 수 있소. 바리새인들은 자신들의 종교적 업적에 심취했지만 예수님은 하나님의 통치에만 몰두하셨소. 바리새인들은 자신들의 종교적 기득권을 인정하지 않는 예수님이 못마땅할 수밖에 없었소. 오히려 세리와 죄인들이 예수님의 말씀에 귀를 기울였소. 예수님이 선포한 하나님 나라는 종교적인 차원이나 세속적인 차원에서 내세울 만한 것이 없었던 그들을 받아 주고 있었기 때문이오. 예수님은 사회적 신분의 차이에 상관없이 임박한 하나님 나라를 받아들이라고 선포하셨소. 하나님 나라를 받아들이는 데 필요한 것은 믿음 외에 아무것도 없었소. 재물, 인격, 교양, 윤리 등도 필요하지 않았소. 소외된 이들에게는 그야말로 복음인 거요. 거꾸로, 종교적 고위층에게는 일종의 걸림돌이오. 종교적 경건과 도덕적 품위를 내세우던 바리새인 같은 사람들은 임박한 하나님 나라를 그냥 믿음으로 받아들이라는 말이 마뜩잖은 거요.

이 대목에서 하나님 나라와 그리스도인들의 윤리를 점검해 볼 필요가 있소. 하나님 나라 윤리는 무엇이냐 하는 질문이오. 우리는 그리스도인답게 살아야 한다는 당위를 늘 규범으로만 확인하고 있소. 규범은 삶을 규정하는 기준을 말하오. 십계명이 그 요체요. 그 외에도 교회 현장에는 수많은 규범이 작동하오. 심지어 십일조도 절대적인 규범으로 자리하고 있소. 그리스도인이 세상에서 그리스도인답게 살려면 규범이 필요하고, 교회에서도 공동체를 꾸려가려면 규범이 필요하오. 문제는 그것의 절대요. 규범의 절대화가 율법주의요. 율법은 개인과 공동체를 살리는 수단인 데도 수단이 목적이 되어 결국 개인과 공동체를 죽이는 일이 비일비재했소. 바울의 설명에 따르면 규범, 즉 율법은 죄를 깨닫게 할 뿐이지 의롭게 하지는 못하오. 놀랍게도 율법이 죄를 짓게 한다고 하오. "그러나 죄가 기회를 타서 계명으로 말미암아 내 속에서 온갖 탐심을 이루었나니 이는 율법이 없으면 죄가 죽은 것임이라 전에 율법을 깨닫지 못했을 때에는 내가 살았더니 계명이 이르매 죄는 살아나고 나는 죽었도다"(롬 7:8-9). 율법에는 양면성이 있소. 한편으로는 죄를 분별하게 하지만, 다른 한편으로 죄를 짓게 하는 부정적인 면이 있소. 선악과 사건에서 볼 수 있듯이 하지 말라고 하면 더 하고 싶어 하는 심리가 여기 있는 것 같소. 하나님 나라를 규범으로 생각하지 말기 바라오. 사람은 아무도 율법을, 즉 규범을 완벽하게 지킬 수 없소. 자신에게 절망할 뿐이오. 또는 남과 비교해서 상대적인 만족감에 빠질 뿐이오. 하나님 나라 윤리는 사람에게 주도권을 두는 게 아니라 하나님께 두는 것이오. 하나님의 절대적인 통치에 우리의 삶을 온전히 의존시키는 것이오.

이런 말이 그대에게 관념적으로 들릴까 염려되오. 손에 잡히지 않을 수 있소. 그래서 사람들이 자꾸 율법으로 돌아가는 거요. 하나님을 보이는 사물이나 질서로 확인하려는 것이오. 부부의 사랑도 비슷하오. 아내와 남편으로 존재하는 것만으로 충분히 사랑을 경험할 수 있는 거요. 그런데 사람들은 구체적인 사건으로 사랑을 확인하려고 하오. 결혼기념일에 장미 백 송이를 받으면 사랑을 받는다고 느끼는 거요. 그런 차원은 여전히 인간적이오. 거기에는 만족이 없소. 좀더 강렬한 느낌을 원하는 욕망만 지배할 뿐이오. 하나님 나라 윤리는 절대적인 하나님의 통치 앞에서 자신의 행위를 최대한 축소시키는 삶의 자세요. 우리의 선한 행위가 필요 없다는 말이 아님을 그대는 이미 알고 있을 거요.

예수님과 하나님 나라의 관계로 다시 돌아가겠소. 예수님의 축귀(逐鬼)와 치유 사건도 하나님 나라와 직결되오. 축귀와 치유는 바로 하나님 나라의 속성인 해방과 자유를 가리키기 때문이오. 하나님 나라는 인간을 모든 억압에서 해방하는 능력이오. 현대 사회과학적인 차원에서 본다면 노동에서의 해방이 성서 시대의 축귀와 치유에 해당되오. 이런 부분에서 가끔 오해가 일어나오. 축귀와 치유를 기계적인 사건으로 보는 것이 그것이오. 복음서의 축귀와 치유는 하나님 나라의 비유와 마찬가지로 하나님 나라가 임박했다는 사실에 대한 상징이지 하나님 나라 자체는 아니오. 하나님 나라는 어떤 것으로도 완전하게 규정되거나 범주화할 수 없는 종말론적인 생명 능력이기 때문이오. 쉽게 생각해 보시오. 축귀와 치유는 우리의 정신과 몸이 해방되는 사건이오. 정신과 마음의 건강이오. 이게 우리의 삶에서 아주 소중한 것이긴 하지만 세월과 더불어 우리의 손에서 떠나가오. 무상할 것이라는 뜻이오. 그런 것을 하나님 나라 자체라고 할 수는 없소.

믿음의 결국, 십자가

자, 우리는 더 근본적인 사태에 직면했소. 하나님 나라가 임박했다는 사실을 말씀과 행위로 선포하신 예수님이 십자가에 처형당하셨소. 이게 어찌 된 일이오. 하나님 나라가 임박했다면 그 사실을 선포하신 예수님에게 영광이 돌려져야 했소. 그런데 죽음이라니, 이건 말이 안 되는 사태요. 예수님의 십자가는 하나님 나라에 전적으로 몰두했던 예수님이 당하신 처참한 운명이오. 여기에 하나님 나라의 비밀이 있소. 예수님 당시 십자가 처형은 종교적으로나 정치적으로 가장 수치스러운 사건이었소. "우리는 십자가에 못 박힌 그리스도를 전하니 유대인에게는 거리끼는 것이요, 이방인에게는 미련한 것이로되"(고전 1:23). 하나님을 잘 믿은 결과가 십자가라니, 이처럼 억울한 일이 어디 있소? 신구약을 통틀어 가장 어려운 신학적인 문제는 신정론(神正論)이오. 하나님이 의롭고 전능하신 분이라면 왜 이 세상에서 무죄한 이들이 고난 받고 불의한 이들이 득세하느냐는 질문이오. 욥기도 주제가 동일하오. 이 질문에 답하려는 시도가 여럿 있었소. 십자가 신학은 그중의 하나요. 무죄한 자의 고난에 하나님이 함께하신다는 것이오. 고난당하시는 하나님이라는 새로운 하나님 개념이 현대신학에서 등장했소. 이런 하나님 개념은 이미 초기 기독교에서 케노시스 그리스도론으로 시작된 것이오. "그는 근본 하나님의 본체시나 하나님과 동등됨을 취할 것으로 여기지 아니하시고 오히려 자기를 비워 종의 형체를 가지사 사람들과 같이 되셨고……"(빌 2:6-11).

승리주의가 한국 교회를 압도하오. 믿는 자는 모든 것이 잘된다는, 잘되어야 한다는 확신이 너무 강하오. 심지어 '삼박자 축복'이라는 이데올로기가 한국 교회의 아이콘이 되었소. 물론 신자들이 세상에서도 편안하게 사는 걸 나쁘다고 할 수는 없지만 거기에만 매달리는 게 문제요. 십자가 신학에 따르면 고난과 고통이 오히려 하나님의 위로를 받을 수 있는 참된 길이오. 팔복에서 가난하고 우는 자가 복이 있다는 말은 단순한 신앙적 수사가 아니라 신앙의 실질이오. 세상에 희망을 둘 것이 없는 사람은 하나님 나라의 도래를 간절히 기대하오. 그런 기대가 바로 복의 단초요. 이런 점에서 모든 것을 어쩔 수 없이 포기해야만 하는 죽음이야말로 우리가 하나님 나라와 명실상부하게 일치하는 사건인 셈이오. 이와 달리 세상에서 잘 먹고 잘살다가 천당에 가서도 그런 삶을 이어가겠다고 생각하는 그리스도인들도 많을 것이오. 그대는 하나님의 아들이 십자가에 처형당했다는 사실을 기억하시오. 신학자 판넨베르크는 이런 말을 했소. 예수님의 십자가 처형 이후로는 어떤 실패한 삶도 더 이상 완전한 실패로 끝나지 않게 되었다고 말이오. 의미심장한 말이오.

그렇다면 그리스도인의 삶은 실패해야 하느냐는, 조금 이상한 생각이 들 거요. 그렇지 않소. 예수님의 부활은 하나님 나라의 궁극적인 승리를 가리키오. 하나님 나라에 절대적으로 순종했던 예수님이 십자가에 처형당하고 사흘 후 죽은 자들 가운데서 부활하신 사건이야말로 믿는 자들의 승리가 어디 있는가를 정확하게 알려 주오. 바로 위에서 십자가 사건을 말하면서 승리주의를 조심해야 한다고 했소. 그 승리주의와 부활의 승리는 전혀 다르오. 부활은 이 세상에서 잘 먹고 잘사는 것이 아니라 새로운 차원의 생명으로 변화되는 사건이오. 새로운 차원의 생명이라는 말에 주의를 기울이시오. 부활 논쟁에 관해 예수 님은 이렇게 말씀하셨소. "부활 때에는 장가도 아니 가고 시집도 아니 가고 하늘에 있는 천사들과 같으니라"(마 22:30). 부활 생명은 우리가 여기서 최고로 행복하다고 생각하는 삶과 전혀 다르오. 부활 생명은 세상을 창조하신 하나님만 가능하게 하시는 사건이오. 부활과 창조는 둘 다 하나님의 절대적인 주권이라는 말이오. 창조는 무로부터 일어난 것 (creatio ex nihilo)이오. 없음과 있음 사이에는 절대적인 간격이 놓여 있소. 이것을 가능하게 하는 힘은 오직 창조주의 것이오. 우리가 생산해 낼 수 없소. 어떤 상상력으로도 구체화할 수 없소. 부활은 하나님의 주 권이며, 하나님의 승리요. 그 부활만이 죽음을 극복한 참된 승리요. 우리 그리스도인들도 바로 그런 승리를 내다볼 뿐이지 이 세상에서 잘나가는 삶에 매달리지 않소.

하나님 나라와 하나님의 정의

이제 그대에게 칼 바르트의 글을 소개하겠소. 신앙과 신학의 스승들이 어떤 말을 했는지에 귀를 기울이는 건 우리의 신앙 훈련에서 매우 중요한 것이오. 바르트의 책 《주기도》(Das Vaterunser) 62~71쪽을 발췌 번역한 것이오. 바르트의 독특한 신학적 착상을 이해하지 못하면 그의 글은 따라가기가 쉽지 않소. 그래도 설명은 생략할 테니 천천히 음미하면서 읽어 보시오.

하나님 나라는 신약성서 안에서 볼 때 이 세상의 생명이며 목적이다. 그 생명과 목적이 바로 창조자의 의도와 부합되는 것처럼 말이다. 하나님 나라는 죄로 인해 발생하는 위협에 대항하는 방어물이며, 이 세상에 잠복한 죽음의 위험과 파괴성에 대항하는 방어물이다. 이러한 위협들은 피조된 것에 불과하기 때문이다. 하나님 나라는 죄를 극복하는 최종적 승리다. 또한 하나님과 함께하는 세상의 사면이다(고후 5:19). 이 사면의 결과들이 여기에 있다. 즉 새로운 세상, 새로운 시대(Neue Äon), 새 하늘과 새 땅이다. 그것들은 하나님의 평화 안에 돌입한 것이며, 하나님으로부터 완성되는 것이기 때문이다.

하나님 나라는 하나님의 정의, 창조자의 정의, 의롭다 인정하시고 승리하시는 주님의 정의(Gerechtigkeit)이다. 이 세상의 마지막과 그 목적은 왕의 나라(Königreich)가 오시는 것이다. 당신의 나라가 임하소서(Dein Reich komme)! 그런데 분명한 것은 우리가 충만한 새로움에 역행한다는 것인데, 이것들은 우리의 가능성을 끊임없이 파괴하고 있다. 우리 자신인 모든 것, 그리고 우리가 행할 수 있는 모든 것은 가장 좋은 조건에서, 그리고 자체의 위험 아래에서 위협당하기 때문이다. 우리는 모든 해방, 모든 승리, 모든 속죄 그리고 중생이 필요하다. 왕의 나라의 도래는 우리의 능력과 무관하게 완성된다. 우리의 존재와 가능성의 공간인 창조에서와 마찬가지로 그의 오심을 위해 무언가를 한다는 점에서도 우리는 무능력하다는 말이다. 하나님 나라가 임하는 것은 다만 기도의 대상일 뿐이다. 세상을 창조하신 하나님만이 완성할 수 있다. 모든 것을 충만케 하는 행위 안에서, 십자가에 달리심으로 일어난 결정적인 칭의 안에서 말이다. 세상의 완성에 필요한 세상의 정의와 평화가 중요하다. 이것은 우리가 이룬 것이 아니라 그분의 활동으로 인한 결과일 뿐이다. 우리는 기도해야 한다. 당신의 나라가 임하소서! 이 사건의 시간이 시작되도록 종을 울리소서!

"당신의 나라가 임하소서!"라고 기도하는 사람은 이 나라, 이 생명, 이 정의, 이 새로움, 이 속죄를 알고 있다는 뜻이며, 또한 이러한 영적 가치들이 낯설지 않다는 뜻이다. 그는 이러한 것들의 세계를 알아야 한다. 그리고 기도하는 그곳에 왕의 나라가 이미 임박했음을 알아야 한다.

예수 그리스도와 형제가 됨으로써, 그리고 그와 친구가 됨으로써 하나님을 향해 '우리의 아버지'라고 기도할 수 있는 이 놀라운 사태에 우리는 직면한다. 당신의 나라가 임하소서! 이것은 많은 것을 의미한다. 당신의 나라는 벌써(schon) 임했다. 당신은 우리 사이에 그 나라를 세우셨다. "하나님 나라는 너희 안에 있느니라"(눅 17:21). 하나님은 예수 그리스도 안에서 모든 것을 채우셨다. 당신, 하나님 아버지, 당신은 예수 그리스도 안에서 당신과 더불어 이 세상을 속죄했다.

사도 바울은 속죄를 미래에 일어날 사건으로만 말하지 않는다. 그는 말하기를 "하나님은 용서하였다"라고 한다. 이것은 이미 일어났다. 예수 그리스도 안에서 당신은 합법적으로 죄와 그 모든 결과를 없애셨다. 그 안에서 당신은 모든 낯선, 그리고 원수 같은 폭력을 없앴다. "사탄이 하늘로부터 번개같이 떨어지는 것을 내가 보았노라"(눅 10:18). 우리가 어쩔 수 없이 묶여 있는 그 죽음의 위협을 당신은 극복했다. 당신, 하나님은 예수 그리스도 안에서 더 이상 죽지 않는 새로운 인간이 되셨다. 이 일은 일어났다. 그 안에서 당신의 나라는 이 세상에 현재가 되었다. 완전한 깊이에서, 그의 주권의 전체성 안에서, 어느 것에도 축소됨이 없이, 숨김없이 그렇게 되었다. 이 세상은 예수 그리스도 안에서 그 종말과 목표에 도달했다. 종말과 심판과 죽은 자의 부활, 이 모든 것이 벌써 그분 안에서 일어났다. 이것은 우리가 기다리기만 해야 할 사건이 아니다. 이미 우리 앞에 일어났다. 과거의 사건이라는 것을 이해해야 한다. 교회가 예수 그리스도를 말하고, 복음을 믿고, 이방인에게 선교하며, 하나님께 기도한다는 것은 이미 오신 주님에게 시선을 돌리는 것이다. 교회는 성탄절, 성금요일, 부활절과 오순절을 기억한다. 교회력에 나오는 이런 사건들은 어떤 이들이 좋은 게 좋다는 식으로 말하듯이 이 세상의 현실에서는 별로 이렇다 할 의미가 없고 단순히 종교적 의미만 부여될 수 있는 역사적 사건들이 아니다. 그것은 아무것도 아닌 게 아니다. 이 모든 것은 정확하며, 이미 확실하게 일어난 것이다. 우리는 성육신을 전하며, 오신 하나님 나라를 전한다. 슬프고 삭막한 교회는 교회가 아니다! 왜냐하면 교회는 궁극적인 말씀을 전하기 위하여 말씀이 육신이 된 그곳에, 그분이 오신 그곳에 세워지기 때문이다. 이 궁극적 말씀은 선포되었다. 우리는 이 사건 위에서 살아간다. 그 외 더 이상의 것은 없다. 성탄과 부활로 시작되는 그 시간을 더 이상 역행시킬 수 없다.

당신의 나라가 임하소서!

앞의 글을 읽어 보니 어떻소? 바르트의 글을 감칠맛 나게 읽을 수 있다면 그대는 신학적으로 이미 어른이 된 거요. 신학의 거장인 바르트의 영성 안으로 들어간 것이니 말이오. 설령 무슨 말인지 종잡기 힘들었다고 해서 실망하지 마시오. 신학 석사 학위를 받은 이들도 충분히 이해하지 못하니 말이오. 어떤 이들은 본인의 신학적 사유가 모자라 이해하지 못하면서 바르트의 글을 별 쓸모 없다고 매도하기도 한다오. 어리석은 소치요. 자, 이제 바르트의 글 두 번째 단락을 읽어 보시오.

> 하나님 나라가 가까이 왔다는 사실을 이해하고 살아간다는 것은 무엇을 의미하는가? 우리가 필요하다고 생각하는 것보다 더 많은 이유 때문에 기도해야 한다는 것이다. 당신의 나라가 임하소서! 거기엔 그것을 반대할 그 어떤 것도 개입될 여지가 없다.
>
> 하나님 나라가 가까이 임했다는 말은 성탄절과 부활절과 성령강림절로 시작된 하나님의 위대한 구원 행위가 다시 받아들여져야 한다는 뜻이다. 그 구원 행위는 단순히 과거, 그래서 이미 완료된 것만이 아니다. 우리는 과거를 돌아볼 뿐만 아니라 앞을 내다보면서도 살아가기 때문이다. 미래는 과거에서 기억할 만한 것을 가져오고, 그래서 과거는 우리의 미래가 되며, 오신 우리 주님이 다시 오신다는 사실은 필연이다.
>
> 우리는 현재 모든 것을 은폐하고 있는 이 덮개를 치우도록 간구한다. 탁

자를 덮은 덮개 같은 그것을 치우도록 말이다. 탁자는 그 밑에 있다. 우리는 그것을 직접적으로 보지 못한다. 그러나 그것을 볼 수 있도록 이 덮개를 치울 수는 있다. 우리는 왕권의 현실성을 가린 이 덮개가 치워지도록 간구한다. 예수 그리스도 안에서 이미 변화된 모든 것에 이 현실성이 나타나게 하기 위해서다. 하나님의 완전한 깊이가 거기에 있다. 우리의 개인적인 삶과 가족, 교회의 삶과 정치적 사건들, 이 모든 것은 일종의 덮개이다. 현실성은 그 뒤에 있다. 우리는 아직 얼굴과 얼굴로 맞대어 보지 못하고 거울처럼 불분명하게 영상만 본다. 신문을 보아도 확실하게 알지는 못한다. 우리가 이 현실성을 보려면 하나님의 나라가 임해야 한다. 예수 그리스도가 가시화되어야 한다. 그가 부활절에 가시적으로 나타난 것처럼, 제자들에게 나타나셨던 것처럼 말이다.

부활절에 나타나신 예수 그리스도는 종말에 생명의 현실성으로 나타나실 것이다. 그는 벌써 이 새로운 인간의 머리가 된다. 새로운 세계의 머리가 된다. 우리는 이것을 안다. 그러나 그것을 아직 직접적으로 보지는 못한다. 우리는 보기를 기다린다. 즉 우리는 방랑하는 신앙 가운데 놓여 있다. 아직 보는 것에는 이르지 못하고 있다.

예수 그리스도 안에, 즉 그의 삶, 죽음, 부활에 나타난 하나님의 선명성이 우리 모두에게, 그리고 우리의 삶과 모든 것 위에 펼쳐져 있다! 이 세상 삶의 비밀은 드러났다! 이 비밀은 벌써 드러났다. 그러나 우리가 보지 못할 뿐이다. 우리가 살고 있는 이 소동, 이 격정, 과욕, 의혹으로 우리는 그것을 이해하지 못한다. 따라서 이해하도록 은총을 간구해야 한다.

이제 우리는 개혁자들의 해석을 채택하고자 한다. 최소한 이 새 시대의 첫 발자취, 이 승리의 첫 발자취를 보도록 은총이 내려지기를 기도한다. 모든 것을 감싸 안는 아침 햇살처럼 은총이 우리 모두에게 함께하시어 역사의 사건들에서 무엇이 우리에게서 떨어져 나가는지를 알게해주기를 기도한다. 그것은 우리에게 주어졌다. 일반 계시와 묵시(벧전 1:3-12)가 주어졌다. 오신 분에 대한 우리의 신앙이 생동하기를! 이 희망을 갖고 살도록 우리에게 기회가 주어지기를! 우리 시대와 오늘과 내일을 위한 희망 없이 "당신의 나라가 임하소서"라고 기도할 수 없다. 기껏해야 과거의 모든 활동이 전체적으로 불충분했다는 것을 약간 이해할 수 있을 뿐이다. 투쟁 속에서 우리가 아주 작은 존재라는 것을 이해할 수 있을 뿐이다. 특히 의로워지지 않은 우리의 개인적, 심리적 갈등에서 그렇다. 그러므로 이것을 파악하려면 오시는 왕권을 보아야 한다. 심리학자들이 우리를 도울 수는 없다. 어느 날 태양이 뜨고, 인식의 은총이 임한다. 우리는 오직 부활절이 이 세상에서 일반적 사건이 되기를 기다릴 뿐이다. 그때가 되면 우리에게는 심리학자들이 필요 없을 것이다. 그때 우리 모두 영적으로 건강해지기 때문이다.

누가복음서에 나오는 주기도를 개혁자들은 다음과 같이 확장시켜 해석한다(베자 사본). "당신의 거룩한 영이 우리 위에 넘쳐나고, 그래서 우리를 깨끗하게 하소서!" 마태와 누가의 고전적 본문이 원래적임에도 불구하고 이 사본은 재미있는 변형이다. 개혁자들은 본문에 상응하도록 코

멘트를 계속한다. "하나님 나라의 오심을 간구할 때 이것은 또한 성령이 우리에게 오심을 간구하는 것이다." 개혁자들의 이러한 확장된 해석은 옳은 일이다. 그러나 '당신의 나라'라는 말은 완성되어 가는 교회와는 절대 다른 그 어떤 것으로 이해될 때만, 그리고 현재 있는 그 무엇의 종말로서, 또한 사물의 새로운 시작으로 이해될 때만 가능하다. 다행히 하나님의 왕권 안에서는 교회가 더 이상 필요 없다. 예수 그리스도는 그가 시작한 것을 스스로 완성시켰기 때문이다.

하나님께 더 간구해야 한다. 그분이 그것을 요청하기 때문이다. 하나님은 우리가 기도할 때까지 끊임없이 인내하신다는 사실을 상기시키는 분이다. 다가오는 그의 나라에서 우리를 갈라놓으려는 이 불안한 시대에 하나님의 인내가 얼마나 강력하게 요청되는지! 하나님이 우리에게 말씀하신다는 사실은, 그리고 그가 그 종소리를 울린다는 사실은 오늘 너무나 절실하다! 그렇다. 세상 완성을 위해 하나님 나라는 도래해야 한다. 하나님이 자신의 약속을 지킨다는 것, 그리고 우리는 하나님의 약속으로서 그것을 움켜잡으려 한다는 것이 확실하다. 당신의 나라가 온다는 것, 그리고 이미 도래한 이 나라가 올 것이라는 사실을 기도해야 한다. 이처럼 우리는 소박한 태도로, 그리고 아주 익숙한 간구로 하나님께 점점, 그리고 아주 분명하게 가까이 다가간다.

'이미'와 '아직'의 긴장

어떻소? 하나님 나라의 표상이 그대에게 넓어졌소? 또렷해졌소? 그러기를 바라지만 그렇지 못하더라도 실망하지는 마시오. 그것이 우리의 구원을 결정하지는 않으니 말이오. 하지만 영성과는 연관된다는 사실을 잊지 마시오. 그림 감상과 비교해 보시오. 윌리엄 터너의 〈눈보라〉가 우리 앞에 있다고 생각하시오. 터너의 그림 세계를 잘 아는 사람과 잘 모르는 사람 중에서 누가 그림을 더 잘 감상하겠소? 물론 전이해가 없다 해도 직관력만 있으면 그림을 이해할 것이오. 그러나 직관만 갖고는 충분하지 않소. 그리고 그런 직관력은 특별한 사람들에게나 주어지는 거요. 또 직관력 자체도 공부를 통해 확장되는 거요. 신학 공부도 예술, 시, 음악 공부와 마찬가지로 고유한 세계로 들어가는 훈련이오. 말이 옆으로 흘렀소. 그대에게 '하나님 나라'가 무엇이고, 거기에 어떤 그림이 그려지오? 다른 글에서도 이미 언급한 것이지만 두 가지 관점으로 정리하겠소. 그것이 그대에게 얼마나 리얼하게 들리는지 느껴 보시오.

첫째, 하나님 '나라'는 장소가 아니라 통치 개념이오. 소유가 아니라 존재 개념이라는 말과 비슷하오. 어떤 이들은 하나님 나라를 지금 여기서 경험하는 시공간 차원의 어떤 것으로 받아들이고 있소. 심지어 우주 공간 어느 곳을 그 나라라고 생각하기도 하오. '나라'가 공간과 아무런 상관이 없다고 하는 것은 아니오. 공간이 없는 빈 허공을 하나님 나라라고 할 수도 없소. 이 문제는 시간과 공간이 어떻게 결합되어 있는지 우리가 정확하게 알지 못하기 때문에 단정적으로 말할 수는 없소. 다만 하나님 나라를 지나치게 공간적인 차원으로만 생각하는 것을 바로잡아야 한다는 뜻이오. 유대인과 헬라인의 세계 이해가 어떻게 다른지 설명하는 것이 이해에 도움이 될 것 같소. 구약이 말하는 세상은 주로 '에온'이오. 에온은 시간적인 차원으로의 세상이오. 유대인들은 세상을 시간의 차원으로 보았다는 뜻이오. 반면 헬라인은 세상을 '코스모스'라고 생각했소. 코스모스는 공간적인 의미가 강하오. 에온은 새로운 세상이 온다는 입장이고, 코스모스는 동일한 세상이 환원된다는 입장이오. 하나님 나라는 당연히 공간적 차원의 코스모스가 아니라 시간적 차원의 에온과 연결되오. 루터는 예수님이 지옥에 계시다면 자기는 지옥을 택하겠다고 했다 하오. 하나님 나라는 천당이나 지옥이라는 장소라기보다는 예수의 통치가 이루어지는 곳이라는 뜻이오.

둘째, 하나님 나라는 '이미'와 '아직'의 긴장 관계에 있소. 예수님은 하나님 나라가 가까이 왔다고 말씀하셨소. 그렇다면 하나님 나라는 이미 우리에게 온 것이오. 하나님이 세상을 창조했다는 사실에서도 하나님 나라가 이미 여기 일어났다는 것을 인정해야 하오. 어떤 이들은 그 하나님 나라를 교회라고도 했지만, 그것은 정확한 말이 아니오. 하나님 나라의 징표가 될 수 있을지 몰라도 하나님 나라는 아니오. 그렇다면 하나님 나라가 이미 왔다는 사실을 어떻게 확인할 수 있겠소? 예수님이 이런 말씀을 하신 적이 있소. "나를 믿는 자는 죽어도 살겠고 무릇 살아서 나를 믿는 자는 영원히 죽지 아니하리니"(요 11:25-26). 지금 살아 있는 동안 이미 영생을 얻었다는 말씀을 이해하려면 생명이 무엇인지 시각을 새롭게 해야 하오. 생명은 기본적으로 종말론적이오. 종말에 일어날 부활 생명이 지금 예수를 믿는 자에게 주어졌다는 뜻이오. 지금과 종말이 믿음으로 일치된 것이오. 종말의 생명이 약속으로 이미 주어졌지만 실증적으로는 아직 실현되지 않았다오. 하나님 나라는 '이미'와 '아직'의 변증법적 긴장에서 일어나는 하나님의 구원 통치를 가리키오.

주기도는 바로 그 '하나님 나라'가 임하기를 바란다고 했소. 하나님 나라가 우리의 능력이 아니라는 걸 그대는 이미 알 거요. 이미 일어났으나 아직은 아닌 그 하나님의 통치를 우리가 어떻게 일으킬 수 있겠소. 이런 점에서 믿는 사람들이 도덕적 주도권을 확보하거나 민중이 주인이 되는 나라를 세워서 하나님 나라를 세우자는 주장은 잘못이오. 그건 우리가 간구해야 할 내용이지 우리가 만들 수 있는 목표가 아니라오. 하나님의 이름을 거룩하게 하는 것도 우리의 능력이 아니라 하나님 자신의 능력으로 가능한 것처럼 말이오. "나라가 임하시오며……."

하나님 나라가 하나님의 배타적인 구원 통치라고 한다면 사람이 할 일이 하나도 없다는 말이냐 궁금하게 생각할 수도 있소. 일리 있는 질문이오. 곰곰이 생각하면 하나님 나라를 위해 우리가 할 일은 별로 없소. 삶에 결정적으로 중요한 것들 중에서 우리가 처리할 수 있는 것은 그렇게 많지 않소. 태양은 삶을 결정하는 항목 중에서 가장 중요한 것이오. 인류가 지구에서 상당 기간 존속하려면 태양이 계속 빛을 발해야 하오. 우리가 또 하나의 태양을 만들 수는 없다오. 촛불 한 자루로 태양 빛을 대신할 수도 없소. 지구에는 적당한 중력이 작용하고 있소. 만약 중력이 반으로 줄어든다면 사람은 물론이고 지금과 같은 중력 상태에 적응해서 진화해 온 거의 모든 생명체가 죽게 될 거요. 중력은 우리의 소관이 아니라오.

너무 극단적인 예를 든다고 생각하는 거요? 하나님 나라를 위해 우리가 할 수 있는 일들은 얼마든지 많다고 말이오. 어려운 이웃을 돌보거나 생태계의 파괴를 막으려 투쟁하는 일도 그중의 하나요. 교회를 돌보고 선교사를 돕는 일도 거기 포함되오. 옳소. 교회와 세상을 위해 우리가 할 일은 많소. 구약의 예언자들이 강조한 정의와 평화를 위해 매진해야 하오. 이런 부분에서는 한국 교회가 반성할 일이 많소. 교회 구조가 교회 자체를 위해 짜여 있소. 인적 에너지나 물적 토대가 거의 이런 방식으로 나가고 있소. 교회를 마치 방주처럼 생각해서 악한 세상은 어찌 되든지 교회만 부흥하면 된다는 사고방식이오. 더 나아가서 교회 이기주의가 득세하고 있소. 이런 상황에서 세상에 정의와 평화를 세울 사명을 강조하는 것은 시급한 일이오.

그러나 그게 바로 하나님 나라와 일치하는 건 아니라오. 주기도를 다시 정확하게 읽어 보시오. "우리가 당신의 나라를 일구어 가게 하시오며"라고 하지 않고 "나라가 임하시오며"라고 했소. 하나님이 임하기를 바란다는 기도요. 이것은 마치 악한 군수 때문에 고통당하는 군민들

이 암행어사 출도를 바라는 것과 같소. 군민들은 악한 군수를 제거할
능력이 없소. 임금의 특사인 암행어사만 그걸 해결할 수 있소. 군민들
은 간절한 마음으로 암행어사를 바랄 수밖에 없소. 옥에 간힌 춘향이
의 심정과 같소. 이것으로 이 문제가 완전히 해결된 것이오? 어떤 억울
한 일을 당해도 무조건 참고 기다리기만 하라는 말이오? 우리 그리스
도인들은 이제 골방에 들어가서 기도만 하면 되는 거요?

아니오. 사회 변혁을 위한 그리스도인의 투쟁이 필요하다는 위의 이
야기로 다시 돌아가야겠소. 기도는 기도의 내용대로 살겠다는 결단을
포함하오. 빈말이 아니라 삶의 내용이 따라오는 말이오. 하나님 나라
가 임하기를 바라는 사람은 하나님 나라에 참여하기 마련이오. 이건
누가 시켜서가 아니라 자기 내면에서 나오는 삶의 태도요. 영화 〈서편
제〉를 보셨소? 거기서 아버지는 소리를 배우는 딸에게 이렇게 말했소.
소리는 밥보다 좋은 거라고 말이오. 득음을 원하는 사람은 소리를 배
우기 위해 각고의 노력을 하오. 나중에 소리가 자기 실존 전체를 지배
하오. 하나님 나라를 대망하는 사람은 하나님 나라에 들어간 것처럼
이 세상에서 사는 것이오. 그게 십자가를 지고 주님을 따르는 삶의 태
도이기도 하오.

하나님 나라에 참여하고 싶어도 하나님 나라가, 즉 그의 통치가 무
엇인지 잘 모른다는 데 문제가 있을 거요. 득음의 경지에 이르려 소리
내는 훈련을 하듯이 하나님 나라에 참여하려면 하나님 나라를 인식하
는 훈련이 필요하오. 소리 훈련이 다른 사람에게 이상하게 보이는 것처

럼, 하나님 나라 훈련도 다른 사람에게 이상하게 보일 수 있소. 여기서 오해하지 마시오. 우리가 훈련을 통해 하나님 나라를 이루어 가는 게 아니오. 하나님 나라는 전적으로 하나님의 소관이오. 우리는 그 나라를 인식할 수 있는 훈련을 하는 거요. 이를 위해 성서도 배우고, 신학도 공부하고, 삶을 성찰하기도 하오. 그 배움이라는 것도 일단 기초가 중요하오. 잘못된 배움은 배우지 않는 것만 못하다오. 바른 배움과 훈련의 과정을 거쳐 우리는 하나님이 행하시는 구원 통치에 참여하는 거요. 우리가 주도하지는 않으나, 그렇다고 구경꾼도 아닌, 말하자면 그분의 일꾼으로 참여하는 거요. 이런 일꾼의 입에서는 "당신의 나라가 임하시오며……"라는 기도가 나올 것이오.

이런 설명이 그대에게 관념적으로 들릴 것 같소. 하나님 나라가 임하기를 원하는 사람은 어떻게 살아야 하는지 구체적인 대안을 듣고 싶소? 그런 설명이 어렵소. 사람이 어떻게 하나님만이 할 수 있는 일을 구체적으로 설명한단 말이오. 신학적으로 설명할 수밖에 없소. 이렇게 정리하겠소. 이 기도는 기다림과 참여의 변증법적 관계에서 살아가는 그리스도인의 영적인 실존을 가리키오. 앞에서 반복해서 강조했듯이 그리스도인의 영성은 기본적으로 '기다림'이오. 그의 나라가 임하기를 마치 파수꾼이 새벽을 기다리듯이 기다리오. 이 기다림이 없으면 그리스도인의 삶은 지나가 버릴 세상과 함께 좌초하고 마오. 기다림의 영성을 아는 사람은 하나님 나라가 임할 이 세상의 변혁에 '참여'하오. 참여가 없으면 그리스도인의 삶은 본회퍼가 말했듯이 값싼 은혜에 떨어

지고 마오. 기다림과 참여는 분리되지 않지만 그렇다고 해서 혼합되지
도 않소. 변증법적으로 그리스도인의 삶을 종말에 이르기까지 새로운
차원으로 올라서게 하오. 더 이상 설명하지 못하겠으니, 그대가 더 생
각해 보시오.

세
번째
간구

당신의 뜻이 이루어지이다

주기도에서 하나님을 위한 간구는 세 가지라고 앞에서 설명했소. 당신의 이름, 당신의 나라, 그리고 당신의 뜻이오. 당신의 뜻(셀레마 수)은 물론 하나님의 뜻이오. '내' 뜻이 아니라 '하나님'의 뜻이오.

우리는 거의 습관적으로 '내 뜻'을 관철시키려 기도드리고 있소. 우리의 기도 생활이 어떤지를 잘 보시오. 거의 모든 것이 '내 뜻'에 모아지오. 내 자식들이 좋은 대학에 들어가서 좋은 직장에 들어가게 해달라고 사생결단으로 기도하고 있소. 수능이나 고시 철이 되면 특별 기도회가 곳곳에서 열리오. '특새'라는 말도 들어 보셨을 거요. 기도가 이벤트로 변질되고 있소. 내 가족, 내 교회, 내 사업이 잘되기를 두 손 모아 기도하는 거요. '안 되면 되게 하라'는 군대 슬로건이 교회의 기도에도 적용되는 실정이오. 신앙적으로는 전혀 설득이 되지 않는 내용이지만 무조건 매달리는 식으로 기도하는 거요. 신앙적인 기도라고 한다면 내 자식보다는 어려운 이들의 자식들이 좋은 점수를 받아서 좋은 대학교에 장학생으로 들어가도록 기도해야 할 거요. 그런데 지금 한국 교회는 심리적인 만족에 머문 기도를 조장하고 있는 게 아닌지 모르겠소.

한편으로 이해가 가지 않는 것은 아니오. 세상살이가 얼마나 팍팍하오. 어느 한순간도 마음 편하게 지낼 수 없을 정도로 사람들을 밀어붙이고 있소. 이 신자유주의가 어느 정도로 우리의 삶을 옥박지르고 있는지 긴말이 필요 없소. 우리나라 청소년 자살률이 OECD 국가 중 최고요. 노동자들도 예외가 아니오. 모든 삶이 경쟁구조로 돌아가오. 대학교수들도 경쟁이오. 그 틈바구니에서 견디지 못하는 이들은 스스로 목숨을 끊소. 이런 현실에서 자기 뜻을 위해 기도하는 그리스도인들의 심정을 이해할 수 있소. 그러나 우리는 하나님을 믿는 사람들이오. 세상 사람들과 똑같은 수준에서 살아간다면 부끄러운 일이오.

이왕 말이 나온 김에 세상살이에 대해 한마디 하겠소. 세상살이를 너무 그리스도교 신앙과 연결시키지 마시오. 기도를 많이 했다고 세상살이가 잘 풀리는 것도 아니고 기도하지 않았다고 잘 풀리지 않는 것도 아니오. 세상은 세상 방식으로 돌아가오. 머리가 좋고 노력을 많이 한 학생은 좋은 점수를 받고, 머리가 나쁘거나 노력하지 않은 학생은 낮은 점수를 받소. 결혼도 이런저런 상황에 따라 괜찮은 사람과 할 수도 있고, 그렇지 못한 사람과 할 수도 있소. 기도를 했다고 무조건 괜찮은 사람과 결혼하는 것은 아니오. 이런 세상의 일상을 신앙과 직접 연결시켜서 자기가 원하는 것을 신앙적으로 해결하려고 애쓰지 마시오. 그리스도교 신앙은 세상 학습을 통해 습득한 삶의 조건을 성취하는 것이 아니라 주어진 삶의 조건에서 최선으로 하나님의 뜻을 추구하는 것이오. 바울의 말을 기억하실 거요. 그는 가난한 삶에도, 부한 삶에도 다 적응할 수 있었소. 삶의 기준이 전혀 다른 데 있었기 때문이오. 심지어 자신의 지병을 위해서도 두 번 기도하고 그만두었소. 지병이 오히려 하나님의 뜻이라는 사실을 그가 깨달았기 때문이오. 우리는 그런 바울로부터 배우지 못하는가 보오. 끊임없이 하나님을 채근하오. 자기 욕망을, 자기에게 궁극적으로 좋은 것인지 아닌지 모른 채, 실현하기 위해 하나님을 조르고 있소.

그렇게 기도해서 삶의 조건이 좋아지는 게 나쁘다는 말이냐, 하고 질문하고 싶소? 기도로 많은 걸 이룬 사람들이 주변에 널려 있다고 말이오? 그건 착각이오. 기도로 사업도 잘되고, 병도 낫고, 자식도 출세시켰다는 말은 거짓말이오. 그건 신앙적인 것도 아니오. 다른 종교나 심지어 사이비 종교에도 다 일어나는 현상에 불과하오. 일련정종(日蓮正宗), 속칭 남묘호렌게교에 다니는 사람들은 주문을 통해서 소원을 성취한다고 믿소. 그들 공동체에서는 그게 진리일 거요. 사람들은 좋은 것만 기억하는 경향이 있소. 기도를 통해 무엇을 얻었다는 간증을 그대도 들었을 거요. 사실은 기도를 통해 얻지 못한 경우가 더 많소. 간증은 늘 이루어진 경우에만 하기 때문에 사람들은 기도를 그런 쪽으로만 생각하오. 한국 교회에서 기도는 하나님의 뜻이 아니라 자기 뜻을 성취하려는 도구가 되고 말았소. 마치 점쟁이에게 바치는 복채와 비슷하오.

잘못된 기도

잘못된 기도에 대해 예수님은 주기도를 말씀하기 전에 충분히 설명하셨소(마 6:5-8). 대표적으로 잘못된 기도를 드리는 이들은 두 종류요. 하나는 외식하는 자들이오. 그들은 남에게 보이려고 회당과 큰 거리에서 기도하기를 좋아하오. 사람들 앞에서 드러내 놓고 기도하는 모습이 당시에는 경건의 한 형태였소. 나름 좋은 영향을 끼칠 수도 있었을 거요. 사람들은 그런 모습을 보고 자신의 잘못을 깨달을 수도 있고, 또

위로도 받을 수 있소. 전통적인 종교 건물에 들어가면 뭔가 거룩한 느낌을 받듯이 말이오. 문제는 그것이 경건주의로, 형식주의로, 외식주의로 왜곡된다는 것이오. 이런 기도는 하나님과의 관계보다는 사람들에게 어떻게 보이는가에 신경을 쓰는 것을 말하오. 지금도 교회에는 그렇게 기도하는 사람들이 있소. 자신이 기도를 많이 한다는 사실을 은연중에 나타내고 있소. 기도꾼으로 행세하는 사람들도 많소. 목소리가 변형되기도 하고, 온갖 종류의 기도 형식을 만들어 가오. 본인들이 일부러 그렇게 하는 것은 아닐 거요. 무엇이 하나님과의 관계로 들어가는 것이며, 무엇이 사람에게 신경을 쓰는 것인지 잘 몰라서 그렇게 하는 거요. 예수님은 골방에 들어가서 아무도 모르게 기도하라고 하셨소. 금식도 비슷한 문제요. 기도를 강조하는 분들은 기도를 금식과 연결해서 생각할 때가 많소. 예수님은 금식도 남에게 표시가 나지 않게 하라고 말씀하셨소. 그런데 어떤 이들은 일부러 그것을 보이려고 하오. 광고하는 사람들도 있소. 목회가 어려워졌을 때 40일 금식기도를 다녀오겠다고 광고하는 목사들도 있소. 그대는 사람에게 보이려고 노력하지 마시오. 그런 방식으로는 결코 그리스도교 영성에 들어갈 수 없소.

다른 하나는 이방인들이오. 그들은 중언부언하는 이들이오. 그들은 이런저런 말을 많이 쏟아 내야 하나님이 들으실 것처럼 오해하고 있소. 그것이 심리적인 자기만족이라는 사실을 그들은 모르는 거요. 그런 상태에서는 하나님께 기도드릴 수 없소. 갈멜 산 전승에 나오는 이야기를 아시오? 간단히 말하겠소. 엘리야와 대립하고 있던 바알 선지자들은 갈멜 산에서 번제를 드렸소. 그들은 하루 종일 바알을 부르짖었소. 그들은 결국 자신들의 몸을 칼과 창으로 자해하면서 미친 듯이 떠들어 댔소(왕상 18:25-29). 그러면 바알이 자신들의 기도에 응답해 주리라 생각한 거요. 이방인들이 드리는 기도의 한 전형이오. 한국 교회의 가장 큰 오해 중 하나가 기도를 자주, 그것도 오래 해야 한다는 선입관이오. 주일공동예배에서는 주로 장로들이 기도를 하오. 어떤 장로들은 마치 설교하듯이 기도하기도 하오. 4, 5분씩 기도하는 분들도 있소. 예수님은 그런 이방인들의 기도를 본받지 말라고 하셨소. 그다음 말씀을 잘 들으시오. 예수님은 하나님께서 우리가 구하기도 전에 필요한 것을 아신다고 하셨소. 놀랍지 않소? 그분은 우리보다 우리의 필요를 잘 아시는 분이오. 육신의 아버지도 아이들보다 필요한 것을 더 잘 아는데, 하나님은 오죽하시겠소? 그런데도 우리는 기도를 많이 하는 태도를 취하거나 장황하게 기도를 드리고 있소. 하나님 아버지를 신뢰하지 못하는 태도요. 이런 잘못된 기도는 결국 '내 뜻'에 매몰되어 비롯하는 것이오. 이 말이 기도를 드릴 필요가 없다거나, 늘 간단명료하게 기도하라는 뜻이 아니라는 걸 잘 알고 있으리라 믿소.

지금 우리는 '당신의 뜻'이 이루어지기를 바란다는 주기도의 내용을 함께 생각하고 있소. 솔직하게 말하시오. 그대의 뜻과 하나님의 뜻이 충돌할 때 어느 쪽을 택하겠소? 이것은 우문이오. 사람의 뜻과 하나님의 뜻을 구분하기가 쉽지 않기 때문이오. 정확히 말하면 내 뜻은 비교적 정확하게 알아차릴 수 있지만 하나님의 뜻은 그렇지 못하오. 여기

수능을 앞둔 학생이 있소. 좋은 점수를 받게 해달라고 기도할 수 있소. 그게 자신의 뜻이오. 그 학생이 좋은 점수를 받아서 좋은 대학교에 가면 대신 다른 학생이 못 들어갈 수 있소. 또는 그 학생은 좋은 대학교에 들어가는 것보다 다른 대학에 들어가는 게 나중에 더 좋을 수도 있소. 그 미래를 사람은 모르기 때문에 지금의 관점으로만 뭔가를 요구하는 거요. 어떤 게 하나님의 뜻이오? 자기보다 가정 형편이 어려운 친구가 더 좋은 점수를 얻게 해달라고 이 학생이 기도할 수 있겠소? 이건 개인의 문제니까 그러려니 할 수 있지만, 국가 사이의 문제는 정말 심각한 거요. 전쟁을 하는 두 나라가 있소. 그대는 30년 전쟁에 대해 들어보았을 거요. 개신교를 선택한 영주와 천주교를 고수한 영주들이 30년 동안 전쟁을 벌였소. 개신교 안에서도 루터파와 뮌처파가 원수처럼 싸웠소. 개신교를 따르는 영국과 천주교를 따르는 아일랜드 사이에도 그런 구원(舊怨)이 깊소. 어느 쪽의 기도가 하나님의 뜻이오?

이것은 기도의 문제만이 아니라 우리 삶의 문제이기도 하오. 어떻소? 오늘 내 뜻을 관철시키는 방식으로 살아가는지, 아니면 하나님의 뜻을 따르는 방식으로 살아가는지 생각해 보시오. 그 차이를 구분할 수 있소? 쉽지 않소. 목회 현장도 마찬가지요. 목사들은 자신의 뜻보다는 하나님의 뜻을 따르겠다고 나선 사람들이지만 실제 목회 현장에서는 자기의 뜻을 적용시키는 일이 많소. 심지어 하나님의 계시를 받은 것처럼 말하는 이들도 있소. 그런 신앙으로 훈련받은 신자들은 평신도 선교사로 나가거나 어떤 사업을 시작하는 것이 하나님의 뜻이라고 주장하오.

어떤 종파에 속한 사람들은 수혈 거부를 하나님의 뜻이라고 강변하오. 자식들이 수혈 거부로 수술을 못 받아도 어쩔 수 없다는 거요. 이건 그 사람의 인격이 잘못되어서가 아니라 하나님의 뜻이 무엇인지 모르거나 자신의 생각을 하나님의 뜻으로 오해하기 때문에 벌어지오.

　이 문제는 그리스도교 영성에서 중요하니 꼼꼼히 생각해 보시오. 내 뜻을 이루어 갈 때 기분은 좋겠지만 그것으로 참된 만족을 얻을 수는 없소. 자기가 원하는 만큼 돈을 벌고 사회적 지위를 성취했다 하더라도 그것으로 만족하지 못하오. 이건 틀림없소. 그대는 다르게 생각하시오? 이미 많은 것을 얻은 사람에게나 그런 말이 설득력 있지 가난한 사람에게는 말장난에 불과하다고 생각하는 거요? 아니라오. 가난한 사람이 복이 있다거나 우는 사람이 복이 있다는 주님의 말씀을 허투루 듣지 마시오. 그 말씀은 공자 왈의 가르침이 아니오. 단지 심리적으로 위로를 주자는 것도 아니오. 마르크스가 비판하듯이 민중의 아편이 아니오. 삶의 현실성에 대한 정확한 통찰이오. 내 개인적인 생각을 말할 테니 이해하시구려. 나이가 들면서 이런 생각이 더 절실해지오. 어떤 것을 성취하려는 열망보다는 그런 것에 대한 모든 열망에서 벗어나고 싶은 거요. 내가 테니스를 즐기고 있지만 그것이 즐겁지 않은 상태로 가고 싶다는 거요. 내가 건강 문제로 테니스를 못하게 되더라도 아쉬울 게 하나도 없소. 하루에 밥을 한 끼만 먹게 되어도 괜찮소. 팔복에서 가난은 자신의 능력으로 할 수 없는 상태를 가리키오. 그 상태가 복이 있는 이유는 더 궁극적인 것에 영혼이 기울어지기 때문이오. 그러니 나의 뜻을 위해 기도할 게 하나도 없이 되는 거요.

하나님의 뜻이 이루어지기를 바라는 기도의 원형은 예수님이 겟세마네에서 드린 기도요. 복음서 기자들에 따르면 예수님은 십자가에 달리기 전날 밤에 겟세마네에서 기도를 드리셨소. 얼마나 치열하게 기도를 드렸는지 그가 흘린 땀방울이 핏방울처럼 보였다 하오. 그는 이렇게 기도하셨소. "내 아버지여 만일 할 만하시거든 이 잔을 내게서 지나가게 하옵소서"(마 26:39). 이 대목이 이상하게 보일지 모르겠소. 인류를 구원하려 십자가에 처형당하는 것이 하나님이 예정하신 운명이라면 기꺼운 마음으로 받아들여야 했는데, 예수님은 그걸 피하려고 했다는 말이 되오. 예수님이 왜 이런 기도를 드렸는지 따라가기는 쉽지 않소. 앞서 제자들은 예루살렘에 올라가서 고난 받고 십자가에 달린다는 예수님의 말씀을 받아들이지 않았소. 그런 일은 메시아에게 어울리지 않기 때문이오. 아무도 범접하지 못할 초능력으로 악을 척결하고 승리의 왕으로 군림하실 존재인 메시아상에 어울리지 않았기 때문이오. 그때 예수님은 제자들을 책망했소. 베드로더러 사탄이라고 하셨소.

그런 예수님이 지금 그 운명을 피하고 싶다는 거요. 그 이유가 무엇이라고 생각하시오? 이 문제는 주기도 공부와 직접 연관되는 게 아니니, 길게 설명하지 않고 한마디만 하겠소. 예수님이 겟세마네에서 두려워한 것은 죽음 자체라기보다는 하나님 나라가 임박했다고 외친 자신의 사명이 파괴되는 것에 대한 두려움이었소. 십자가 앞에서 하나님의 뜻에 대한 자신의 생각이 혹시 잘못되지 않았는지 혼란스러워하셨다는 뜻이오. 계속 그런 혼란 가운데 머물지는 않으셨소. 그에게는 아버지의 뜻이 결정적으로 중요했소. 그는 순종했소. "그러나 나의 원대로 마시옵고 아버지의 원대로 하옵소서." 그는 제자들에게 가르친 주기도를 그대로 자신의 삶에서 실천하셨소. 그의 순종이 인류 구원의 길이 된 것이오.

초월의 하늘, 내재의 땅

주기도는 하나님의 뜻이 "하늘에서 이루어진 것같이 땅에서 이루어지이다"라고 가르치오. 하늘(우라노스)은 하나님(데우스)과 같은 뜻이오. 이에 관해서는 앞에 언급된 '하늘에 계신 우리 아버지' 대목을 참고하시오. 일단 이렇게 생각하고 넘어가면 되겠소. "하늘에서 이루어진 것같이"는 "하나님께 이루어진 것같이"와 동일하오. 땅은 사람이 사는 이 세상, 이 역사, 이 실존 전체를 가리키오. 하늘과 땅에 하나님의 뜻이 이루어지기를 바라는 기도는 내가 보기에 세 가지를 뜻하오.

첫째, 하나님의 뜻은 하나님에 의해 '이루어지는' 것이지 우리가 '이루는' 것이 아니오. 비는 하늘에서 내리는 것이지 우리가 내리게 할 수 없다는 말과 비슷하오. 인공 비구름을 만든다는 말도 있지만 큰 의미가 없소. 이미 비구름이 조성된 공간을 인공적으로 자극해서 비가 되게 하는 것뿐이오. 하나님의 뜻은 우리가 억지로 이뤄 낼 수 없소. 간혹 하나님의 나라를 이뤄 갈 수 있게 해달라거나 심지어는 하나님의 뜻을 이루자고 기도드리는 분들도 있소. 엄격하게 말하면 그건 틀린 기도요. 하나님의 나라, 하나님의 뜻 앞에서 우리는 철저하게 무기력하오. 우리가 할 수 있는 일은 하나도 없소. 일단 그것을 인정하지 않으면 주기도를 드릴 준비가 안 된 것이오.

하나님의 뜻을 하나님의 구원으로 바꿔 놓고 생각해 보시오. 우리는 사도 바울의 가르침에 따라서 믿음으로만 의롭다고 인정받고, 은총으로만 구원을 받는다고 믿소. 이런 가르침은 예수님에 의해 이미 근본적인 차원에서 말씀된 것이오. 누가복음 18장 9-14절에는 바리새인과 세리의 기도에 대한 예수님의 비유가 나오오. 바리새인은 종교적으로나 도덕적으로 업적이 많지만 세리는 아무것도 내세울 게 없던 사람이었소. 예수님은 이렇게 평가하셨소. "저 바리새인이 아니고 이 사람이 의롭다 하심을 받고 그의 집으로 내려갔느니라." 이 비유는 바리새인의 영적 교만을 책망하는 가르침이지만 더 근본적으로 구원의 속성을 가르치기도 하오. 구원, 칭의는 사람의 업적이 아니라 하나님의 배타적인 권능에 달렸음을 가리키오. 사람이 할 일은 아무것도 없다는 말인가 생각하시오? 그 문제는 다음 둘째 항목에서 설명하겠소.

둘째, 주기도를 드리는 사람은 이 땅에 하나님이 뜻을 이루시도록 부름을 받은 사람들이오. 이 대목은 설교조로 들릴 거요. 모든 그리스도교 가르침이 설교의 성격이 있으니까 그렇게 들려도 어쩔 수 없지만 상투적으로는 듣지 마시오. 하나님의 뜻에 부름을 받았다는 말은 삶 전체를 부르심으로 인식하고 거기에 순종한다는 뜻이오. 여기에는 성직

주기도란 무엇인가

과 세속직이 차이가 없소. 모든 것이 하나님의 부르심이오. 그것이 바로 종교개혁자들이 말하는 소명이오. 독일어로 직업은 베루프(Beruf)라 하오. 베루프는 '부름 받는다'라는 동사 'berufen'에서 왔소. 하나님의 부르심은 모든 삶의 영역에 걸쳐 있소. 노동 현장, 농사, 병원, 학교, 공장 등 모든 곳이 바로 부르심의 자리라는 말이오. 신학교에 가는 것만이 부르심은 아니오. 가능하면 신학교는 많이 가지 않는 게 좋겠소. 영적 소양이 있는 사람들만 가는 게 좋소.

모든 삶의 자리에서 부르심에 합당하게 산다는 것이 무엇인지 분별하기가 쉽지 않소. 무엇이 하나님의 뜻인지 구분하기가 거의 불가능할 정도로 이 세상이 복잡하기 때문이오. 여기 그리스도인 기업가가 있고, 그리스도인 노동자가 있다고 생각해 보시오. 양쪽은 서로 입장이 다르오. 기업가는 기업의 경쟁력 제고를 위해 구조조정을 감행하거나 용역회사를 이용하기도 하오. 한국의 많은 대학교는 청소를 용역회사에 맡기고 있소. 직접 고용하는 것보다 비용이 훨씬 적게 들기 때문이오. 그걸 하나님이 주신 지혜라고 생각할지도 모르오. 노동자들은 노조를 결성해서 자신들의 이익을 위해 투쟁하오. 경우에 따라서는 파업도 불사하오. 어느 쪽의 생각이 하나님의 뜻인지 판단하기는 거의 불가능하오. 그렇다고 해서 양비론에 빠지는 것도 바람직한 태도가 아니오. 이 문제는 그리스도교 신앙과 윤리의 관계에 속한 것이오. 지난 2천 년 동안 계속된 논쟁을 이 자리에서 무슨 수로 다 풀어낼 수 있단 말이오. 교회사에 등장하는 한 사건을 예로 드는 것으로 정리하겠소.

1524년 독일에서 농민전쟁이 일어났소. 무력투쟁을 통해서라도 농민들의 권익을 찾아야겠다는 생각에서 비롯한 혁명운동이라 할 수 있소. 이런 관점이 마르크스의 공산혁명까지 이어지오. 교회사적으로는 20세기 초 스위스에서 일어난 그리스도교 사회주의 운동과 2차 세계대전 이후 라틴 아메리카에서 일어난 해방신학으로 이어지오. 농민, 단순직 노동자, 극빈자들의 인간다운 삶을 위해 혁명이 일어나야 한다는 이런 주장은 정치·경제적인 차원만이 아니라 신학적으로도 다 일리가 있소. 루터는 처음에 농민들과 영주들을 화해시키려고 노력했으나 실패했고, 농민전쟁이 더 과격하게 흘러가자 반대 발언을 하게 되었소. 이와 달리 뮌처는 초지일관이오. 농민들에게 무기를 들고 의로운 전쟁을 수행하라고 외쳤소. 마지막 전쟁에서 뮌처만이 아니라 수많은 농민들이 죽었소. 루터와 뮌처 중에서 누가 하나님의 부르심에 합당하게 처신한 것이라고 생각하오? 이 문제는 교회사 차원에서 계속 논쟁으로 남아 있소. 나는 여기서 누가 옳고 그름을 따지려는 게 아니라 그리스도인의 윤리가 그렇게 간단하지 않다는 것을 말하려는 것뿐이오. 그래서 늘 깨어 있는 영성이 필요하오. 이 말은 종말론적 심판을 생생하게 느끼면서 판단해야 한다는 뜻이오. 그래도 누가 옳은지 답하라고 요구하면 나는 루터를 지지한다고 하고 싶소. 그 이유까지 당장 설명하라고 하지는 마시오. 이 책의 어느 대목을 보면 간접적이지만 나름의 설명이 나와 있으니 찾아보시오.

셋째, 하나님의 뜻은 하늘에서만, 혹은 땅에서만이 아니라 하늘과 땅 모든 세계에서 이루어지오. 그뿐만 아니오. 하나님의 뜻은 과거와 현재와 미래를 다 통괄하오. 이것은 하나님이 천지를 지으셨다는 사실에 비추어 보면 당연한 말이오. 하늘은 하나님이 계신 곳이니 이미 하나님의 뜻이 이루어졌다고 볼 수 있지만 그렇게 딱 끊어서 말할 수는 없소. 하늘과 땅이 변증법적인 관계를 맺고 있소. 하늘은 땅의 존재론적 근거고, 땅은 하늘의 인식론적 토대요. 하늘이 없으면 땅도 존재할 수 없고, 땅이 없으면 하늘을 알 수 없소. 단순히 물리적인 현상으로만 생각하지 마시오. 우주에서 지구는 아주 외로운 행성이오. 지구 하나 없어진다고 해서 우주가 영향을 받는 일도 없소. 여기서 하늘과 땅이라는 표현은 영적인 차원을 가리키오. 하늘을 초월의 세계라고 한다면 땅은 내재의 세계요. 초월과 내재가 변증법적으로 작용해서 전체 세계를 구성하오.

어떤 이들은 극단적으로 초월의 하늘만 생각하고, 또 어떤 이들은 극단적으로 내재의 땅만 생각하오. 전자에 속한 이들은 역사 허무주의에 빠질 염려가 있고, 후자에 속한 이들은 역사 낙관주의에 빠질 염려가 있소. 역사 허무주의는 세상이 어떻게 되든지 예수 믿고 구원받아 죽어서 천당 가면 그만이라는 생각이고, 역사 낙관주의는 역사를 잘 운용해서 세상을 천국으로 만들어 보자는 생각이오. 전자의 경우에는 역사가 실종되고, 후자의 경우에는 역사가 세속화되오. 그리스도교 역사에서 지난날에는 하늘만 쳐다보는 역사 허무주의가 문제였으나 현대에 들어와서는 오히려 땅에만 몰두하는 역사 낙관주의가 더 큰 문제가 되었소. 역사 낙관주의는 세속적인 세계관이오. 경쟁 만능주의를 바탕에 깔고 있는 신자유주의가 그것이오. 생산과 소비의 악순환, 자연파괴, 인간 미래에 대한 낭만주의로 나타나오. 한국 교회가 이런 시대정신에 부화뇌동하고 있소. 하나님의 뜻이 하늘과 땅에서 이루어지기를 바란다는 것은 이런 양 극단에 빠지지 않고 세계 초월과 내재의 변증법적 긴장감을 유지한다는 뜻이오.

하나님의 뜻을 알려면

근본적인 질문을 해야겠소. 우리는 하나님의 뜻을 어떻게 알 수 있소? 이것이 해결되지 않으면 앞에서 한 모든 이야기가 물거품이 되오. 이 물음의 답은 일반적으로 세 가지로 제시되오. 첫째는 성서를 통해 하나님의 뜻을 알 수 있다는 것이고, 둘째는 기도의 응답으로, 셋째는 성령 체험으로 알 수 있다는 것이오. 다 일리 있는 말이기는 하지만 딱 맞는 답은 아니오. 아무리 성서를 읽고 공부한다 해도 우리가 하나님의 뜻을 아는 데는 한계가 있소. 사이비 이단들도 늘 성서를 거론하오. 기도를 통해 하나님의 뜻을 온전히 알 수도 없소. 오히려 하나님은 우리의 기도에 침묵하실 때가 많소. 교회에 분쟁이 생겼을 경우 기도를 많이 하는 신자들끼리 크게 충돌하는 것을 봐도 이를 확인할 수 있소. 성령이 진리를 인식할 수 있는 근거라는 사실은 분명하지만 사람은 악령을 성령으로 착각하는 경우가 많다는 것을 알아야 하오.

하나님의 뜻을 알 수 있는 길은 없소. 누구도 하나님의 뜻을 명시적으로 말할 수는 없소. 이런 말이 이상하게 들릴 것이오. 구약의 선지자들은 분명히 하나님의 뜻을 전했소. 그들은 신탁(神託)을 받았소. 그이전에 아브라함도 하나님의 부르심을 받아 고향을 떠나 약속의 땅으로 이주했소. 구약성서는 무엇이 하나님의 뜻인지를 진술한 것이라 할 수 있소. 여기서 그대는 잘 생각하시오. 자칫하면 성서에서 영적인 길을 잃기 쉽소. 성서의 진술은 모두 사건이 일어난 뒤 한참이나 세월이 흐른 뒤에 기록된 것이오. 여기에 답이 있소. 하나님의 뜻은 역사가 지난 뒤에 드러나는 것이오. 구약 선지자들도 당시에는 각자 하나님의 신탁을 받았다고 큰소리쳤지만 누가 참된 선지자이고 거짓 선지자인지는 나중에 드러났소.

신약도 마찬가지라오. 한 가지만 설명하겠소. 초기 그리스도교에서 유대 그리스도교와 이방 그리스도교가 율법 문제로 심각하게 싸웠소. 바울은 갈라디아서에서 유대 그리스도교의 가르침을 가리켜 "다른 복음"이라고 하면서 다른 복음을 전하면 "저주를 받을지어다"라고 했소 (갈 1:6-8). 당시 유대 그리스도교는 예수님의 사도들 대부분과 동생들이 끌어가던 예루살렘 공동체를 가리키오. 지금 우리는 토라와 할례를 지켜야 한다는 유대 그리스도교의 주장이 잘못되었다는 사실을 알고 있지만 당시에는 그렇지 않았소. 그 뒤부터 중요한 교리의 대부분이 결정된 4세기 즉 교부시대까지는 그야말로 치열한 진리 논쟁의 시대였소. 하나님의 뜻이 무엇인지가 그런 역사 과정을 통해 드러났다는 증거요. 지금 무슨 말을 하려는지 그대가 알 것이오. 하나님의 뜻이 무엇인지 잘 아는 것처럼 떠벌리지 말라는 뜻이오.

오해는 마시오. 하나님의 뜻에 대해 입을 다물어야 한다는 말이 아니오. 그런 말은 불가지론자들의 주장일 뿐이오. 내 말은 이것이오. 두 가지를 생각하시오. 첫째, 우리의 생각과 판단과 주장은 결국 최후의 심판대 앞에 서야 하오. 그것을 실제로 기억하는 사람이라면 자기의 얄팍한 생각을 놓고 하나님의 뜻이라고 고집 피우지는 못할 것이오. 둘째, 이미 역사적 검증을 거친 복음의 내용을 정확하게 알아야 하오. 이를 알기 위해서는 신학 공부가 필수라오. 신학은 역사를 통해 진리로 드러난 하나님의 뜻을 합리적 인식론과 논리학의 바탕에서 밝히는 작업이오. 역사로 자신을 나타내시고, 역사로 심판하시는 하나님의 뜻 앞에서 겸손할 뿐만 아니라 거기에 귀 기울일 줄 아는 사람이 되기를 바라오.

판넨베르크의 설교, '기도'

지금 한국 교회 예배에서 가장 큰 문제는 지나치게 자유기도를 드린다는 것이오. 그것의 장점도 있소. 성령에 민감하게 반응하는 것이오. 하지만 내가 보기에는 장점보다는 단점이 더 많소. 훈련되지 않은 기도로 예배의 흐름이 끊기기도 하고, 기도의 본질에서 어긋나기도 하오. 외식하는 기도, 중언부언하는 기도가 많소. 이를 극복하기 위해 두 가지가 필요하오. 하나는 기도가 무엇인지 공부하는 것이며, 다른 하나는 모범적인 기도문을 읽는 것이오.

기도가 무엇인지를 공부한다는 의미로 아래에 판넨베르크의 짧은 설교문을 옮겨 적소. 독일 사람인 판넨베르크(W. Pannenberg)는 1928년 독일 슈테틴 출생으로, 생존해 있는 개신교 조직신학자 중에서 가장 높은 권위자로 인정받는 학자요. 그는 전문적인 신학책 외에도 두 권의 설교집을 냈는데, 거기 들어 있는 설교의 하나가 '기도'요. 본문은 시편 143편 1-12절이오. 부퍼탈 신학교 학생들을 대상으로 아침 경건회 시간에 한 짧은 설교요. 설교라기보다는 묵상이라고 보는 게 좋겠소.

오늘 이 아침 기도회 시간에 우리는 시편 말씀에 나오는 한 기도를 들었습니다. 이제 우리는 이 시편의 기도가 우리의 기도에 대해 무엇을 말하고 있는지 질문하고자 합니다. 기독교인의 삶에는 기도가 빠질 수 없는 요소입니다. 우리 모두가 종종 경험하는 바지만, 만약 한동안 기도할 수 없다면 하나님은 우리에게 낯설게 되며, 우리의 삶은 하나님에게서 멀어지게 됩니다. 우리는 시편 기자처럼 우리 인생의 위기를 하나님 앞에 늘어놓아야 하며, 그것을 언어로 표현해야 하고, 모든 위기에서 우리를 돕는 하나님께 아뢰어야 하고, 그를 신뢰해야 합니다. 이것은 의미 있는 일입니다. 왜냐하면 삶에는 그 어떤 강제적인 능력이나 자연법칙만이 아니라 예상할 수 없는 사건이, 즉 하나님께는 불가능한 일이 없다는 사실을 의미하는 그런 사건이 항상 거듭해서 일어나기 때문입니다.

첫째, 오늘 이 시편 말씀에서 우선적으로 배워야 할 점은 어떤 토대에서 하나님께 기도를 드릴 수 있는가 하는 것입니다. 기도는 자신의 소원을 성취하기 위한 수단이 결코 아닙니다. 우리는 하나님의 부르심에 응답할 수 있다는 의미에서만 하나님께 요청할 수 있습니다. 이 요청은 하나님의 신실성, 즉 그가 이전에 행하신 구원 행위에 대한 신실성을 기억하게 한다는 바로 그 의미입니다. 올바른 기도는 구원하시는 하나님의 역사에 잠겨 있을 경우에만 드려질 수 있습니다. 이 구원 역사에 잠긴다는 것은 자신의 모든 독립적인 의지를 거두어들일 경우에만 가능합니다. 이럴 때 우리는 "당신의 뜻이 이루어지소서!"라고 기도하게 되며, 하나님을 향한 우리의 요청은 여전히 하나님이 신실하다는 내용으로 채워집니다. 이렇게 기도하는 사람은 약속을 받습니다. 구하시오. 그러면 받을 것이오. 두드리시오. 그러면 열릴 것이오.

둘째, 우리가 분명히 해야 할 사실은 오늘 본문에 따르면 시편 기자의 요청에 이상하게도 하나님이 대답하지 않았다는 점입니다. 이것은 이스라엘 사람들의 경우에서 볼 때 일반적인 상황이 아닙니다. 그들에게는 대개 하나님의 대답이 있었습니다. 예언자와 제사장들에 의해 형성된, 소위 구원신탁입니다. 그런데 오늘 우리는 기도를 드릴 때 일반적으로 하나님의 침묵을 경험합니다. 우리는 우리에게 들려오는 대답을 전혀 듣지 못합니다. 하나님이 다르게 대답하시기 때문입니다. 하나님은 우리가 기도를 드릴 때 우리의 마음에서 발생하는 것들을 통해서, 또한 하나님이 행동하시는 그것을 통해서 답변하십니다. 이것이 바로 시편 기자가 요청했을 때 기다려야만 했던 대답입니다. 나의 기도를 들어주소서.

셋째, 우리는 우리의 기도에 대한 직접적인 하나님의 목소리를 듣지 못했기 때문에 우리 앞에 놓인 길은 어둡습니다. 대답해 달라는 우리의 요청에 분명한 대답이 없습니다. 그래서 시편 기자는 하나님의 가르침을 신탁에서가 아니라 하나님의 영에게서 기다립니다. 하나님의 영, 즉 하나님의 길과 하나님의 역사에서 하나가 되는, 따라서 하나님의 뜻에서 하나가 되는 이 영은 우리의 발걸음을 옳은 길로 인도합니다. 우리 모두는 성령의 축제를 준비하고 있으며, 그 성령을 받았습니다. 바로 그 영은 우리를 자신의 길로 안전하게 인도하시는 예수 그리스도의 영입니다. (졸역, 〈믿음의 기쁨〉, 24~25쪽)

네
번째
간구

일용할 양식을 주시고

예수님이 제자들에게 딱 한 번 가르치신 기도에 '일용할 양식'이 들어 있다는 것이 놀랍지 않소? 일용할 양식은 사람들에게 없어서는 안 될 필수 요건이오. 인류 역사는 일용할 양식을 구하는 행위로 점철되었소. 인류의 조상인 유인원들이 어떻게 일용할 양식을 구했을지 상상해 보시구려. 그들이 살고 있던 지역에 따라 형편은 각기 달랐소. 당시에는 아프리카가 제일 풍족한 상태가 아니었을까 생각하오. 지금 야생동물들과 마찬가지로, 개미도 그렇지만, 잠 자는 시간 외에는 모두 일용할 양식을 구하는 데 시간을 썼소. 그들에게는 일용할 양식이라는 말이 생생하게 경험되었을 거요. 이걸 알려면 일용할 양식이 없는 경우를 경험해야 하오. 그대는 지금까지 살아오면서 일용할 양식 자체를 걱정해 본 적이 있소? 없으면 주기도를 드리지 말든지, 아니면 새롭게 배우기를 바라오. 주기도는 생존의 위기에 처한 사람만이 드릴 수 있는 기도요.

나는 가끔 빙하기를 당한 유인원들을 생각하오. 눈과 얼음에 쫓겨 점점 남쪽으로 내려오면서 그들이 어떤 생각을 했는지를 말이오. 대개의 유인원들은 종족 자체가 없어져 버렸소. 지구를 뒤덮은 채 잘난 척하며 살아가는 현 인류의 조상만이 생존할 수 있었소. 그들에게 일용할 양식은 마치 노아의 방주와 같았소. 거기에 자신들의 미래가 달려 있다는 사실을 절실하게 경험했소. 그들에게 주기도는 없었지만 주기도 정신은 있었을 거요. "일용할 양식을 주소서."

오늘 우리는 "일용할 양식을 주소서"라는 기도를 드릴 마음이 없소.

생존의 위기를 느끼지 않고 사는 사람들이기 때문이오. 일용할 양식이 아니라 이제는 웰빙 음식을 찾는 실정이오. 아무도 주기도의 저 대목을 절실하게 대하지 않소. 그렇다면 주기도를 바꿔야 하는 것 아니겠소? "우리에게 맛있고 열량 낮고 건강을 보장하는 양식을 주소서." 이런 식의 기도는 기도가 아니오. 이런 조건으로는 사람이 구원받을 수도 없고, 행복할 수도 없소. 기도는 영적 호흡이며, 하나님과의 대화라고 하지 않소? 그렇다면 기도는 영적인 차원의 삶을 가리키오. 아무리 좋은 먹을거리를 먹는다고 해도 우리의 영적인 삶이 풍요로워지는 건 아니오.

"너희 가난한 자는 복이 있나니 하나님의 나라가 너희 것임이요"(눅 6:20)라는 예수님의 말씀을 상기해 보시오. 가난한 사람에게 가장 절실한 것은 일용할 양식이오. 거기 집중하고 있소. 그런 사람이 행복하다는 주님의 말씀이 실제 상황이 아니라 역설이라고 생각하오? 그건 역설적 실제요. 이렇게 생각해 보시오. 사람에게는 절대적인 것이 하나만 작용하오. 숨을 들이쉬면서 동시에 내쉴 수는 없소. 젊은 연인들은 오직 '그대'만을 사랑할 수 있소. 여러 사람을 사랑할 수 없소. 그런 사람은 바람둥이요. 바람둥이는 사랑을 모르오. 자기의 영적 갈증을 여기 저기서 채우려는 것뿐이오. 일용할 양식에 모든 마음을 쏟는 사람은 다른 것을 걱정하지 않는다오. 구원이 두려움과 걱정에서의 해방이라고 한다면 일용한 양식에만 매달릴 수밖에 없는 가난한 사람은 일반 사람들처럼 걱정과 두려움에 빠지지 않는다는 말이 되오. 그건 사실이오. 노숙자들을 보시오. 그들은 다른 걱정을 하지 않소. 그날 밥 먹고 살아 있으면 그것으로 충분한 거요. 마음이 단순해진다는 거요. 이런 점에서는 도박꾼들이나 마약중독자들의 삶이 일반인들보다 구원에 더 가깝소. 문제는 도박꾼들과 마약중독자들이 순전하게 한 가지에 매달리지 못하고 일반 사람들보다 더 많은 걱정을 한다는 것이오.

일용할 양식을 구하는 삶의 태도는 어린이들의 그것과 비슷하오. 그대도 경험했겠지만 어릴 때는 '놀이' 하나에 심취할 수 있소. 무엇을 먹을까 입을까 마실까 하는 여러 가지 걱정과는 거리가 먼 삶이오. 그 순간만은 부잣집 아이나 가난한 집 아이나 아무런 차별 없이 모두가 한통속이 되어 버리오.

오늘 우리는 어떻소? 일용할 양식이 아니라 그 외의 것을 구하느라 정신이 하나도 없소. 물질적으로 풍요한 시절에 영적인 가난을 살고 있소. 지금 그대에게 설교를 하려는 게 아니라 우리의 실질적인 삶을 말하는 거요. 우리가 다시 어린아이의 영성으로 돌아가지 않으면 행복할 수 없듯이, 일용할 양식을 구하는 기도의 삶이 아니면 행복할 수 없소. 문제는 그게 쉽지 않다는 데 있소. 그게 무슨 이유라고 생각하시오?

지금까지 주기도 묵상을 읽으면서 '그게 다는 아닌데……' 하는 그대의 마음이 내게 전해지는구려. 일용할 양식에만 머물면 결국 오늘과 같은 세속사회에서 버틸 수 없는 거 아니냐 말이오. 옳소. 지금 우리는 한가롭게 일용할 양식 타령을 해도 좋을 만한 처지가 아니오. 자식을 남부럽지 않게 키우려면 최소한 10년 양식은 비축해 놓아야 하오. 노후 설계도 해야 하오. 우리가 수도원이 아니라 세속사회에서 산다면 문자 그대로 '일용할 양식'만을 위해 살 수는 없소. 생각을 잘하시오. '일용할 양식'이 세속의 삶을 모두 부정한다는 의미는 아니오. 생명의 원초적 깊이로 들어가야 한다는 뜻이오. 더 나아가서 일용할 양식을 구하는 기도는 자기만이 아니라 주변의 모든 사람들이 일용할 양식을 걱정하지 않도록 최선을 다하겠다는 결단이기도 하오. 나의 일용할 양식만이 아니라 너의 일용할 양식을 위해서도 기도하는 거요. 그렇게 사는 거요.

인간은 먹어야 산다

쌀이 남아돌아 가축의 사료로 써야 하는 거 아니냐 하는 이야기가 있었소. 북한은 일용할 양식이 없어서 고통을 받고 있소. 인도적인 차원에서 이뤄지던 북한 지원이 모두 끊겼소. 종교단체들의 방북 신청도 정부에 의해 모두 거부되었소. 흥부전에 나오는 이야기처럼 형은 배가 불러서 터질 지경인데, 동생은 배를 곯고 있는 상황이오. 남북관계에는 아주 복잡한 생각들이 뒤엉켜 있소이다. 동생도 동생 나름이지 형을 못 잡아먹어서 안달이 난 동생인데, 어떻게 도와줄 수 있느냐고 하는 사람도 있소. 최소한 그들이 잘못을 인정해야만 도와줄 수 있는 것 아니냐 하는 사람도 있소. 동생의 버르장머리를 고치겠다고 작심하는 사람들도 있소. 그들을 도와줘도 모든 게 북한 주민에게 돌아가기보다는 김정일 정권 고위 인사들에게 돌아가거나 군사용으로 오용된다고 주장하기도 하오. 그렇게 생각하는 사람들을 이해 못 할 것도 없소. 그렇게 압박을 가하는 방식으로 북한을 개혁개방으로 이끌어 내고 실질적인 통일의 길을 앞당길 수 있을지도 모르오. 지금 나는 '주기도'가 말하는 일용할 양식을 말하는 중이오. 정치적인 관점이 아니라 신앙적인 관점이오. 정치 역학이 아니라 하나님 나라의 역학이오. 그 나라를 생각하려면 최소한 모든 사람이 일용할 양식을 걱정하지 않는 나라를 지향해야 한다는 사실을 전제해야 하오.

주기도를 입에 달고 사는 남한 교회가 최후의 심판에서 무슨 대답을 할지 궁금하오. "오늘날 우리에게 일용할 양식을 주시옵"라고 했소. '나'의 일용할 양식이 아니라 '우리'의 일용할 양식이라오. 남한만의 양식이 아니라 북한을 포함한 양식이오. 거지 나사로가 죽어서 아브라함의 품에 안기고 부자는 죽어서 지옥에 갔다는 예수님의 말씀이 마지막 심판과 연관해서 생각나는 까닭은 무슨 연유인지. 부자는 이 세상에서 잘 먹고 잘살다가 죽어 지옥에 갔고, 나사로는 부자의 문지방에 기대서 얻어먹고 살다가 죽어서 아브라함의 품에 안겼다 하오(눅 16:19-31). 어떤 목사는 나사로는 하나님을 잘 믿었고, 부자는 믿지 않아서 그렇게 되었다고 설명했소. 좀 웃기는 설명이오. 웃기는 정도가 아니라 해괴한 설명이오. 그 이야기는 그런 걸 말하지 않소. 아주 단순하고 분명한 가르침이오. 부자는 살았을 때 풍족하게 살았고, 거지 나사로는 고난을 받았기 때문에 나사로는 위로를 받아야 하고 부자는 괴

로움을 받는 게 공평하다는 것이오. 부자로서는 억울한 일일지 모르나 어쩔 수 없소. 부자는 인간이 죽어야 한다는 사실을, 즉 절대생명이신 하나님 앞에 서야 한다는 사실을 전혀 의식하지 않고 자기 세계에 갇혀서 살았던 것이오. 그것이 결국은 거지 나사로와의 관계를 완전히 단절시킨 것이오. 오늘의 시대정신인 대상화, 타자화, 도구화가 바로 그것을 가리키는 것이오.

"우리에게 일용할 양식을 주시옵고"라고 기도한다는 것은 인류의 먹을거리를 구한다는 뜻이오. 이는 곧 "인간은 먹어야 산다"는 엄정한 사실을 가리키오. 그것이 창조 원리요. 사실은 인간만이 아니라 모든 생명체는 먹어야 생명을 유지할 수 있소. 짐승들은 거의 입으로 먹고 장에서 소화시킨 뒤 배설하는 방식으로 생명을 이어가고 있소. 일용할 양식은 곧 생명의 양식이오. 모든 사람은 먹을 권리가 있소. 그 권리를 빼앗을 권리는 사람에게 없소. 먹을 권리만이 아니라 배울 권리와 치료받을 권리, 주거의 권리도 중요하오. 이건 사람이 사람답게 살아갈 수 있는 최소한의 안전장치요. 이런 권리가 보장된 나라를 일반적으로 선진국이라고 부르오. 지금 우리나라에도 굶는 사람들이 제법 있소. 여러 가지 사정으로 최소한의 삶을 보장받지 못한 이들이 많소. 그들을 잘 보살필 의무가 국가에 있소. 주기도를 신앙의 중요한 내용으로 삼는 교회는 국가가 이를 책임 있게 감당할 수 있도록 예언자적 목소리를 내야 하오.

거지는 나라도 구제할 수 없다거나, 본인이 게을러서 가난하게 사는 건데 그걸 어떻게 국가가 다 책임을 지냐고 생각하는 사람도 있을 거요. 지금처럼 온 세계가 경제 만능주의로 흘러가고 있을 때는 이런 목소리가 큰 법이오. 솔직하게 생각해 보시오. 세계 곳곳에 여전히 굶주리는 사람들이 생기는 이유는 세계 전체적으로 먹을거리가 부족해서라기보다는 탐욕 때문이오. 한쪽은 생존이 위태로울 정도로 가난하고, 한쪽은 향락적이라 할 정도로 소유가 많소. 이런 구조를 바꿀 수만 있다면 전 세계에 최소한 굶는 사람은 없을 것이오. 그대는 인류의 미래를 어떻게 생각하시오? 세계 경제 수준이 지금보다 훨씬 높아지면 굶는 사람이 완전히 사라질 것 같소? 탐욕이 줄어들지 않는 한 그렇게 되지는 않을 거요. 지구의 자원이 사람의 소비욕을 무한정 채워 줄 수는 없으니 말이오. 부유한 기독교 국가에서 사는 사람들이 삶의 행태를 소비에서 공동의 삶으로 바꾸는 게 급선무요. 이런 문제를 진지하게 생각하지 않는 사람은 주기도를 드릴 자격이 없소. 그런 사람은 주기도를 부적이나 장식품으로 생각하고 있는 거요.

생존을 염려하지 말라

일용할 양식과 연관된 복음서 이야기는 두 가지요. 하나는 오병이어고, 다른 하나는 성만찬이오. 먼저 오병이어를 보겠소. 오병이어 사건은 너무 잘 알려져 있기에 여기서 자세히 이야기할 필요는 없겠소. 빵 다섯 개와 물고기 두 마리로 남자 성인만 5천 명이 먹고도 열두 광주리가 남았다는 것이 전체 줄거리요. 이게 사실인지 아닌지 묻는 것은 별 의미가 없소이다. 어떤 사람들은 예수님이 하나님의 아들이니 당연히 그런 기적을 일으킬 수 있다고 생각할 것이오. 예수님을 그렇게 보는 것은 기독교 신앙의 근본에서 한참이나 떨어진 생각이오. 하나님의 아들은, 즉 하나님은 그런 방식으로 기적을 일으키지 않소. 다른 모든 장소와 사건에서는 만유인력이 작용하게 하면서 특정한 곳에서만 만유인력을 제거하지는 않소. 다른 사람들은 모두 암으로 죽게 하면서 특별한 사람만 치료하지도 않소. 우리는 오병이어 사건에서 실제로 무슨 일이 일어났는지 알지 못하오. 안다고 해도 그것 자체가 성서의 메시지를 따라가는 핵심은 아니오. 이렇게 추정할 수는 있소. 광야로 나온 사람들이 각기 제 먹을 것을 가져오는 것은 당연한 이치요. 그걸 숨기고 있다가 예수님이 오병이어로 기도한 뒤에 모두 꺼내 놓고 먹은 것일 수도 있소. 아니면 오병이어로 모두 한 조각씩만 나눠 먹었지만 영적으로 배가 부르기에 육체도 배가 부른 것처럼 생각할 수 있소. 어쨌든 여기서 중요한 것은 예수가 선포한 하나님 나라는 일용할 양식 문제까지 해결되는 나라라는 뜻이오. 거기서 예수가 중심이오. 예수는 바로 하나님 나라 자체였으니 말이오.

오병이어는 일용할 양식을 위한 씨앗과 같소. 그것만 있으면 최소한 생존에 필요한 먹을거리는 해결되는 것이오. 씨앗을 보시오. 옥수수 알하나를 심으면 수백 알이 생긴다오. 한 사람의 먹을거리로 수백 명의 먹을거리가 생산된다니, 얼마나 놀랍소. 요즘 복숭아가 한창이오. 복숭

아나무 한 그루에도 최소한 100개 이상의 열매가 달릴 거요. 복숭아나무는 그렇게 수십 년 동안 열매를 맺소. 그것을 가능하게 하는 힘은 사람에게서 나오는 게 아니라 지구와 우주에서 오는 거요. 지구의 생명 메커니즘은 바로 오병이어의 기적과 같소. 오병이어를 다른 데서 찾지 말고 지구 생명현상에서 찾도록 하시오. 그것은 곧 하나님의 창조행위라오. 오병이어 사건은 일상적으로 늘 일어난다는 말이오. 그것으로 인류는 배부르게 먹고살 수 있소. 이것만은 장담할 수 있소.

문제는 모두 숨겨 두고 내놓지 않는다는 데 있소. 이걸 어떻게 해결하면 좋겠소? 프롤레타리아 혁명을 통해 부를 재분배하자는 사람들도 있을 것이고, 시장 메커니즘에 맡겨 두면 저절로 해결된다고 생각하는 사람도 있을 거요. 지금의 추세는 후자 쪽으로 기울고 있소. 북유럽은 중간쯤 되는 노선에서 복지에 신경을 쓰고 있소. 이런 문제는 아주 정교한 정치경제에 속한 것이기에 내가 더 이상 구체적으로 말할 수는 없소. 속 시원한 대답이 없어서 뭣하지만 이 정도로 정리하고, 성서와 신학의 관점에서 한 가지만 보충하겠소.

신약의 오병이어는 구약의 만나 사건과 깊이 연결되오. 이스라엘 백성들이 광야에서 기근에 봉착한 후 매일 아침마다 만나를 먹을 수 있었다 하오. 만나는 요즘도 미디안 광야에서 발견되는 식물성 먹을거리라오. 다른 사람들은 쳐다보지도 않는 그 평범한 먹을거리를 모세는 하나님이 특별한 은총으로 허락하셨다며 받아들였소. 얼마나 놀라운 영성이오. 사람들은 특별히 거창하고 신기한 것에만 마음을 두지만 모세는 하나님의 은총을 평범한 것에서 경험한 것이오. 그 전승의 핵심은 하나님이 이스라엘 백성들의 생존을 책임지신다는 신학적 고백이오. 생존을 염려하지 말라는 것이오. 하나님 나라와 그의 의를 구하면 그 외의 것을 더 주신다는 주님의 가르침도 여기에 해당하오. 만나를 가져올 때 딱 하루치만 가져와야 했소. 욕심을 내서 이틀 치를 가져오면 그 다음 날 상해 버렸다 하오. 세상 이치가 그렇소. 모든 사람이 하루치의 만나, 즉 일용할 양식에만 관심을 두면 모두가 배불리 먹을 수 있소.

소유로 사람의 능력을 평가하는 오늘날에도 이런 영적인 가르침들이 가능하겠소? 세상은 무슨 말을 하더라도, 교회만이라도 하루치 만나에 집중하는 삶을 보여 주어야 하오. 상징적으로라도 보여 주어야 하오. 그것이 만나의 영성이오. 지금 한국 교회는 빈익빈부익부 현상에 완전히 찌들어 있소. 어느 교회는 헌금이 넘쳐나고 어느 교회는 목회자 생활비도 감당할 수 없소. 듣기로는 한국 교회의 3분의 1이 미자립이라 하오. 도저히 믿을 수 없는 통계요. 만나의 영성을 안다면 이런 일은 일어날 수 없소. 이런 일이 일어난다는 것은 만나 사건을 허투루 생각한다는 뜻이오.

밥상은 성만찬이다

일용할 양식과 관계된 두 번째 이야기는 성만찬이오. 앞에서 오병이어에 대해 말했소. 일용할 양식, 오병이어, 성만찬 이 세 가지 모두 먹는 이야기요. 예수님 이야기 중에는 먹는 이야기가 제법 많소. 심지어 예수님을 가리켜 먹기를 탐하고 포도주를 즐긴다는 평판도 있었다 하오. 거룩한 하나님의 아들이신 예수님에게 그런 평판이 따라다녔다는 게 이상하지 않소? 이상할 게 하나도 없소이다. 예수님은 우리와 똑같은 삶을 누리셨소. 다른 게 하나도 없었소. 그는 참 인간(vere homo)이셨소. 먹고 배설하는 행위가 없이는 인간이라 할 수 없소. 즐겁게 먹고 즐겁게 배설하는 것이 인간의 속성이라오. 거룩은 세속과 완전히 분리된 세계가 아니오. 세속에서 거룩한 것이 나타나지 않으면 그것은 죽은 것이오. 그래서 예수님은 시장 바닥과 결혼 잔치 같은 곳에 기꺼이 가셨소. 그런 곳에서는 먹는 것과 마시는 일이 빠질 수 없는 법이오.

예수님이 육체적 쾌락과 탐식에 빠졌다는 뜻이 아니오. 그를 단순히 휴머니스트라고 생각하면 곤란하오. 먹는 문제를 다른 각도에서 말씀하신 일도 있었소. 예수님의 공생애 초기에 사탄에게 세 가지 시험을 받소. 그중의 하나가 돌을 떡으로 만들라는 유혹이었소. 돌을 떡으로 만들면 곧 예수님이 하나님의 아들이라는 증거가 된다는 것이오. 이건 예수님의 자의식에 관한 문제요. 예수님이 하나님의 아들이라는 사실을 정확하게 인식하고 있었다고 생각하시오? 자신이 하나님의 아들이라는 사실을 확인하고 싶은 마음이 있었을 거요. 그렇다면 인류의 숙원인 먹는 문제를 해결할 능력이 자신에게 있는지 확인하면 되는 거요. 예수님은 사람이 떡으로만이 아니라 하나님의 말씀으로 산다고 대답하셨소. 생명의 차원을 떡에서 말씀으로 끌어올린 것이오. 예수님의 이 말씀이 맞기는 맞는 거요? 떡은 육신의 양식이고, 말씀은 영의 양식이라는 뜻이오? 표면적으로는 그렇게 말할 수 있지만 근본적으로는 그렇지 않소. 사람의 육신과 영혼은 구분되기는 하지만 분리되지는 않소이다. 모든 것이 통합된 하나의 생명이오. 떡과 말씀도 통합적인 거요. 일단 이렇게 정리하면 되오. 말씀 없이 떡만 준비하면 떡의 참된 의미가 실종되오. 떡을 독점하려고 하오. 떡을 먹어도 만족이 없소. 돌을 떡으로 만드는 게 중요한 게 아니라 현재 있는 떡을 함께 먹는 일이 중요하오. 궁극적으로 결국 먹는 일은 죽음과 동시에 그쳐야 하오. 그때는 전혀 다른 생명 형식으로 변화될 것이오. 말씀을 통해 그것을 준비해야 하오. 여기서 말씀은 바로 하나님 자체를 가리키오. 이것의 종교적 징표가 바로 성만찬이오.

우리는 성만찬에서 빵을 예수님의 몸으로, 포도주를 피로 믿소. 로마 가톨릭교회는 화체설(化體說)을 따르지만 개신교회는 교파에 따라 임재설, 상징설 또는 기념설을 따르오. 어떤 쪽이든지 중요한 것은 빵과 포도주라는 사물을 영의 차원으로 받아들인다는 것이오. "이것은 내 몸이니, 이것은 내 피니"라는 말씀을 사실적으로 받아들여도 좋소. 빵과 포도주는 신의 몸이고 신의 피요. 인간이 아무리 날고 기는 기술을 개발한다 하더라도 빵과 포도주를 만들지 못하오. 그것은 하나님의 각별한 은총이오. 우주 어느 곳에서도 이런 빵과 포도주가 생산되지 못하오. 오직 지구에서만 가능한 기적이오. 그런데 말이오. 지구가 언제까지 이런 것을 생산할 것 같소? 영원한 것이 아니오. 언젠가 빵과 포도주를 얻지 못하는 날이 올 거요. 지금 우리가 얼마나 큰 은총을 누리고 있는지 상상해 보면, 시편 기자들처럼 기뻐서 찬양하지 않을 수 없소이다. 내가 섬기는 교회에서는 매월 첫 주일 예배 때 성찬식을 거행하오. 성찬식이 예배에서 결정적으로 중요하다고 보기 때문이오. 이 성찬식 때 목사가 선포하는 의식문이 있소. 대개 비슷한 내용이오. "주님께서 떡을 가지사 축사하시고……"라는 내용이오. 나는 거기에 개인적으로 다음과 같은 설명을 덧붙이오. 참고로 우리 교회에서는 성찬식 빵을 어린이 주먹 크기의 모닝 빵으로 준비하오. 그것을 내가 보통 네 등분으로 잘라 나눠 주오.

여기 빵이 있습니다. 이 빵이 어떤 과정을 통해 여기까지 왔는지를 생각하면 신비롭기 짝이 없습니다. 어느 언덕에 밀알이 떨어져 자랐겠지요. 햇빛과 탄소와 물이 작용해서 이삭이 맺혔겠지요. 그 밀 이삭이 잘리고 분쇄되고 빵으로 만들어지기까지 많은 사람들의 손을 거쳤습니다. 이 빵은 그야말로 우주론적인 사건입니다. 우리가 알지 못하는 많은 사람들의 땀이 들어 있는 사건입니다. 여기 포도주가 있습니다. 빵과는 완전히 다른 색깔과 질감을 가진 물질입니다. 그렇지만 여기에도 빵과 똑같은 우주론적 사건들이 들어 있습니다. 비탈진 언덕에서 포도가 자라고 있었겠지요. 우리가 전혀 생각하지 못하고 있는 순간에도 포도나무는 탄소동화작용을 했습니다. 그리고 포도 알을 맺었습니다. 많은 사람들의 손을 거쳐서 여기 있는 포도주가 생산되었습니다. 우리는 오늘 이 빵과 포도주를 예수님의 몸과 피로 믿고 받습니다. 바로 하나님의 몸이요 피입니다. 우리가 하나님을 몸 안에 받아들이다니, 얼마나 놀라운 일인가요. 기쁨으로 성찬식에 참여하십시오.

성만찬에서 신앙적으로 중요한 것은 두 가지요. 하나는 예수 그리스도의 십자가 구원 사역이오. 예수 그리스도의 몸과 피가 우리를 구원했다는 사실을 모르는 그리스도인은 없소. 그러나 그걸 믿는 건 쉽지 않소. 하나님이 하필 자기 아들의 죽음을 통해 인류를 구원하셨는지 이해하기 어렵소. 이 문제는 많은 논의가 필요하지만 여기서는 한마디로 줄이겠소. 다른 길로 인류가 구원받을 길이 없기 때문이라는 게 답이오. 성만찬에서 중요한 또 하나의 신앙적 의미는 성만찬에 참여하는 이들의 친교요. 한 빵과 한 잔을 먹고 마셨다는 것은 한 형제와 자매가 되었다는 뜻이오. 여기서만 참된 친교가 가능하오. 실제로 형제와 자매처럼 살기는 어려울 거요. 세상은 오히려 '만인에 대한 만인의 투쟁'을 부추기고 있소. 교회에서도 형제와 자매로 지내기가 쉽지 않소. 이런 문제는 노력한다고 해결되지 않소. 예수 그리스도 사건으로 깊이 들어가는 길밖에 다른 길이 없소. 그대가 살아가면서 진정한 친교가 흐트러지는 걸 느끼면 다시 성만찬 영성으로 돌아오시오. 우리는 이렇게 실패를 통해 다시 건강한 영성을 회복할 수 있을 거요.

그대가 잘 생각하기를 바라겠소. 우리의 일용할 양식은, 즉 매일의 밥상은 바로 성만찬이오. 성만찬에선 빵을 독점하는 사람도, 잔을 독

차지하는 사람도 없소. 모두가 똑같이 빵을 나누어 먹고 포도주를 나누어 마셔야 하듯이 우리 모두가 일용할 양식을 나누어 먹어야 하오. 그것이 성만찬 공동체가 취해야 할 삶의 태도요. 오늘 이 세상은 어떻소? 그 문제는 이미 앞에서 언급했으니 반복하지 않겠소. 일용할 양식에 대한 우리의 생각을 근본적으로 새롭게 해야 하오.

고흐의 그림 중에 〈감자 먹는 사람들〉이 있소. 자신의 삶이 불행하다고 느껴서인지 아니면 그의 눈에 비친 세상이 그렇다고 느껴서인지 모르겠소만 고흐의 그림은 전체적으로 어둡소. 〈감자 먹는 사람들〉은 다섯 명의 가족이 천정에 매달린 램프 아래서 감자를 먹고 있는 그림이오. 특이한 것은 가족 구성이오. 부부와 세 아이들이 일반적인데, 여기에는 젊은 부부와 늙은 부부와 어린 소녀가 등장하오. 정확히는 모르겠고, 아마 딸 하나를 둔 젊은 부부가 늙은 부모를 모시고 사는 가정인가 보오. 아이는 등을 보이고 있고 나머지 인물은 전체가 다 드러나오. 그들의 손이 부각되오. 고흐는 동생 테오에게 보낸 편지에서 이 그림을 설명했소. 감자를 먹고 있는 이 사람들의 손이 바로 땅을 파던 그 손이라는 사실을 강조하려 한 거요. 노동을 통해 얻는 감자를 지금 그 손으로 먹고 있소. 그림이 전체적으로 어둡지만 비교적 밝게 보이는 부분은 식탁이오. 그 식탁에는 쟁반에 담긴 감자와 잔에 담긴 차가 놓여 있소. 차를 따르는 할머니에게 할아버지가 감자를 건네고 있고, 젊은 아내는 포크로 감자를 집으면서 남편을 바라보고 있소. 남편은 무표정한 얼굴로 감자를 집소. 식탁 위의 감자와 차는 그들의 유일한 먹을거리요. 고흐는 그것을 성찬식의 빵과 포도주라고 생각했을지 모르오. 내일에 대한 희망이 별로 없는 가난한 농부들에게 감자와 차는 생명 자체였소. 그것을 생명으로 여길 줄 아는 사람만이 성찬의 신비를, 만나의 신비를 알 것이오. '밥이 하늘이다'라는 경구도 이에 해당하오. 그것이 바로 영성이 아닐는지.

오늘 우리는 너무 많은 먹을거리로 이런 영성을 잃은 지 오래됐소. 영성을 잃는 것은 곧 삶을 잃는 것이오. 먹을거리가 부족해서가 아니라 너무 많아서 문제라는 사실을 심각하게 생각해야 하오. 먹을거리의 질이 낮아서가 아니라 너무 높아서 문제요. 〈감자 먹는 사람들〉의 식탁은 지나칠 정도로 단출하오. 감자와 차뿐이오. 이에 반해 오늘의 식탁에는 고기가 빠지지 않소. 유럽과 미주 사람들의 고기 소비를 줄일 수만 있어도 세계 식량문제가 거의 해결될 거라고 하오. 이건 세계 식량문제를 염려하는 학자들과 운동가들의 공통된 생각이오. 사료용으로 쓰는 곡식을 사람의 양식으로 돌릴 수만 있다면 세계의 기아(飢餓) 문제를 다 해결할 수 있다 하오.

그대는 채식을 어떻게 생각하시오? 그것은 취향의 문제만은 아니오. 일용할 양식을 이 세상에서 실현해 나가는 구체적인 방책이기도 하오. 성서적 근거도 있소. 창조 전승을 전하는 창세기 1장 29절에 따르면 하나님께서 사람에게 주신 먹을거리는 채소였소. "하나님이 이르시되 내가 온 지면의 씨 맺는 모든 채소와 씨 가진 열매 맺는 모든 나무를 너희에게 주노니 너희의 먹을거리가 되리라." 이 말씀을 문자적으로 따르면 채식이 옳소. 지금 당장 모든 사람들이 채식을 할 수는 없소. 아마존 정글에 사는 사람들이나 북극에 사는 에스키모인들에게, 또는 유목민들과 어부들에게 채식을 강요할 수는 없소. 다만 식단의 무게를 육식에서 채식으로 약간만이라도 옮길 수 있다면 많은 문제들이 해결될 수 있지 않을까 생각하오. "오늘날 우리에게 일용할 양식을 주시옵고……."

다섯
번째
간구

우
리
죄
를
사
하
여
주
시
고

주기도를 구조적으로 볼 때 일용할 양식을 중심으로 앞에 세 항목이 나오고 뒤로 세 항목이 나오오. 앞의 세 항목은 하나님의 이름, 나라, 뜻이고 뒤의 세 항목은 사죄, 시험, 악이오. 앞의 것이 하나님을 향한 것이라면 뒤의 것은 기도하는 사람의 것이라 할 수 있소. 더 구체적으로는 일용할 양식은 사람의 것이오. 이런 주기도의 구조로 볼 때 기도는 우선 하나님이 드러나는 내용으로 시작해야 하오.

교회 생활에서 이런 기도를 만나기는 쉽지 않소. 거의 모든 기도가 개인의 간구에 떨어져 있다는 말이오. 자기에게 소용되는 것들을 간구하는 것이 기도라고 생각하는 거요. 어떤 이들은 기도가 구체적이어야 한다며 철부지 아이들의 떼 쓰기로 기도를 떨어뜨리고 있소. 어떤 청년들은 결혼 상대를 두고 세세한 조건을 걸며 기도하오. 결혼 정보 회사에 제출하는 서류와 똑같은 내용이오. 동영상으로 들은 이야기인데, 선교사들에게 원하는 승합차의 차종을 비롯해서 구체적인 내용을 놓고 기도하라고 말하는 목사가 있었소. 차의 색깔까지 구체적으로 말해야 한다는 거요. 그렇게 기도를 해야만 하나님이 더 빨리 응답하신다는 거요. 내가 보기에 그런 기도는 속임수요. 아무리 좋게 봐도 심리학에 불과하오.

그대의 기도 경험은 어떻소? 이것만은 분명하게 알아 두시오. 기도는 얼마든지 심리적인 카타르시스의 한 방편으로 이용될 수 있소. 일단 열정적으로 기도하면 나중에 기분이 좋아진다오. 초상집에 가서 실컷 울던 사람이 "누가 죽었는데?" 하는 것처럼 내용이 없어도 감정적으로 고조되면 일단 기분이 좋아지는 건 분명하오. 어떤 신자들은 목사의 설교에서 매 문장마다 '아멘'이라고 화답하오. 아멘을 하고 싶어서 입이 근질거리는 것 같소. 그것도 자꾸 하다 보면 기분이 좋아지오. 그대도 실험적으로 그렇게 기도해 보시오. 35평짜리 아파트를 달라고 말이오. 위치와 아파트 이름도 거명하시오. 어렸을 때부터 꿈꾸던 인테리어도 넣어 보시오. 그런 방식으로 기도할 내용은 많으니 몇 시간도 기도가 가능할 거요. 기도 내용도 내용이지만 그렇게 오랫동안 기도했다는 사실이 기특하게 여겨질 것이오. 이런 방식으로 그대는 기도꾼이 될 수 있소.

그대는 "주기도와 영성에 대해 많은 이야기를 하는 당신의 기도생활은 어떤가?" 질문하고 싶을 거요. 나의 지난 이야기는 하지 않겠소. 고등학교를 졸업하고 신학교를 갔으니 사춘기 시절에 어떤 신앙생활을 했을지 상상이 갈 거요. 목회를 하는 목사들은 거의 대부분 새벽기도회를 하오. 그게 목회에서 차지하는 비중이 제법 되오. 우리 교회에는 새벽기도회가 없소. 혼자라도 새벽기도를 하는 게 목사가 지켜야 할 최소한의 경건 생활이라고 생각하시오? 그럴 수도 있소. 나는 지금 새벽에 기도를 하지 않소. '지금' 안 한다고 하니 언젠가 여건이 되면 할지도 모른다는 말이 되겠구려. 그때가 언제인지는 모르겠소. 언젠가 내가 수도원 원장이 된다면 아마 새벽 5시는 아니더라도 이른 아침 기도회를 정기적으로 갖게 될 거요. 수도원 원장이 내 꿈이오. 함께 말씀을 읽고 기도하고, 농사를 짓는 수도원 책임자로 당분간이라도 살고 싶소. 이런 꿈은 이뤄지기가 어려울 거요. 당장 가족이 있으니 움직이기가 쉽지 않고, 나처럼 신학자연하는 사람을 수도원에서 받아 주지 않을 거요. 지금 나는 규칙적으로 기도하는 건 없소. 밥 먹기 전에, 수시로 영적 감동이 올 때 잠시, 잠들기 전과 깨어난 후 잠시 기도하오. 그것도 그렇게 뜨겁게 하는 게 아니라 거의 형식에 가깝소. 예배를 인도하거나 수요일 성경공부를 인도할 때도 물론 기도하오. 그것도 짧은 시간이오. 이렇게 보면 나는 기도하지 않는 목사에 가깝소. 겉으로 보면 기도와 무관하게 살고 있는 것 같지만 마음으로는 늘 기도에 갈급하오. 시인이 막 되려는 문학청년처럼 기도의 사람이 되고 싶은 거요. 잘 들으시오. 기도꾼이 아니라 기도 시인이 되고 싶은 거요.

지금까지 여러 책을 쓰고 번역했소. 앞으로 당분간 이런 작업은 계속될 거요. 가장 크게 마음을 두고 있는 분야는 두 가지요. 하나는 '365일 기도문'이고, 다른 하나는 '젊은 목사들에게 하고 싶은 이야기'요. 두 번째 책은 지금까지 다른 책에서 쓴 내용이 중심을 이룰 거요. 목사의 정체성에 대해서, 하나님과 하나님 나라에 대해서, 목회의 구체적인 현장에 대해서, 설교자의 자세에 대해서 말하게 될 거요. 학문적인 차원보다는 내 영혼에서 진솔하게 피어나는 이야기를 하고 싶소. 내가 정말 관심을 두고 있는 부분은 앞의 책이오. 이건 남에게 하는 이야기가 아니라 하나님과의 영적인 대화요. 내가 그분께 귀를 여는 작업이자 내 입을 여는 작업이기도 하오. 평소 기도에 힘쓰지 않는 목사가 365일 동안 기도문을 쓸 수 있겠소? 상투적인 소리가 아닌 영혼의 소리로 기도하려면 뭔가 지금의 상황을 벗어나야만 하오. 지금은 여러 가지 일들이 내 영혼을 긴장시키고 있어서 참된 기도를 드리기 힘드오. 환갑이 되기 전에 이 일을 마칠 수 있을지 모르겠지만, 기도하지 못한 책임을 진다는 심정으로 한번 시도해 보겠소. 응원을 부탁하오.

죄, 자기집중

주기도 후반부 세 항목 중 첫 번째는 사죄에 대한 것이오. "우리가 우리에게 죄지은 자를 사하여 준 것같이 우리 죄를 사하여 주시옵고." 죄를 용서해 달라는 기도는 우리가 죄를 저질렀다는 사실을 전제하오. 도대체 우리가 무슨 죄를 지었다는 거요? 이런 말을 들으면 사람들은 여러 가지 반응을 보이오. 기겁을 하는 사람도 있고, 숙연해지는 사람도 있을 거요. 어떤 신자들은 죄에 대해 거의 노이로제 현상을 보이오. 그걸 약점으로 삼고 공격적으로 설교하는 목사들도 있소. 또 어떤 신자들은 사람이 다 그런 거지 뭐, 하면서 죄에 무관심하오. 죄 냉소주의자들이라 할 수 있소.

우선 신학적으로 죄를 정리하면 다음과 같소. 죄는 원죄와 자범죄로 구분되오. 원죄는 아담에게서 유전되는 죄이고, 자범죄는 각자가 행한 구체적인 잘못이오. 이 두 가지 죄가 완전히 분리되는 것은 아니오. 원죄는 자범죄의 존재론적 근거이고, 자범죄는 원죄의 인식론적 근거이오. 그리스도교 교리가 죄를 이렇게 두 가지로 구분하는 이유는 죄를 심층적인 차원에서 접근하려는 데 있소. 간단히 그 성격을 두 가지로 규정할 수 있소. 하나는 죄의 보편성이오. 죄가 어느 한두 사람에게, 즉 죄를 범한 몇 사람에게만이 아니라 전혀 그런 죄와 상관없어 보이는 모든 사람에게 힘을 미친다는 뜻이오. 현장에서 간음하다 잡힌 여자를 치려고 돌을 든 사람들에게 예수님은 이렇게 말씀하셨소. "죄 없는 자가 먼저 돌을 던져라." 아무도 돌을 던지지 못했다 하오. 다른 하나는 죄의 극단적 성격이오. 죄는 교양으로 해결할 수 있는 습관이 아니라 인격 자체를 파괴하는 존재론적 힘이오. 율법을 통해 죄에서 벗어날 수 없는 이유도 바로 거기에 있소. 그리스도교가 칭의(稱義)를 말하는 이유도 바로 거기에 있소. 우리는 실제로 의로워지는 게 아니라 의롭다고 인정을 받을 뿐이오. 칼뱅의 표현을 따르면 전가(轉嫁, imputed)된 의요.

　나름 도덕적으로 살려고 노력하는 사람들은 자신이 죄와 상관이 없다고 생각할 거요. 교회에 나오는 사람들 중에서 겉으로는 "이 죄인을 용서해 달라"고 기도하지만 속으로는 자신이 괜찮은 사람이라고 생각하는 이들이 적지 않소. 남의 것을 훔치지도 않았고, 남을 드러내 놓고 비난하지도 않았소. 복음서에 보면 십계명을 어릴 때부터 잘 지키던 사람이 있었소이다. 그는 예수님께 무엇을 해야 영생을 얻을 수 있는지 물었소. 예수님은 십계명 중에서 사람과의 관계에 대한 항목을 나열하였소. 이 사람이 얼마나 우쭐했을지 알 만하오. 자기가 자신 있는 대목에서 질문을 받았으니 말이오. 예수님은 이 사람에게 재산을 팔아서 가난한 사람에게 나눠 주고 당신을 따르라고 했소. 그러자 이 사람은 돈이 많은 탓에 슬픈 기색으로 돌아갔다 하오(막 10:22). 이 이야기는 십계명을 잘 지켰다는 말이 허튼소리이거나, 십계명만으로 의로워질 수 없다는 뜻일 수 있소. 인간 사회의 몇몇 도덕규범으로 인간을 평가할 수 없다는 말이기도 하오. 친구에게 욕을 하는 것은 이미 살인한 것과 같고, 여자를 보고 음욕을 품은 것은 이미 간음한 것과 같다는 예수님의 말씀을 기억해 보시오. 성서가 말하는 죄는 단순히 겉으로 도덕적인 행위만을 가리키는 게 아니라 더 근본적인 것을 가리키오. 그것이 무엇이오?

신학자들의 죄 개념은 조금씩 차이가 나오. 아우구스티누스는 휘브리스(교만)를 죄라고 했고, 아퀴나스는 아모르 수이(자기사랑)를, 판넨베르크는 자기 집중을 죄라고 했소. 분노, 질투, 이기심 등으로 표현할 수도 있소. 우리가 성서에서 배운 대로 말하면 아담과 이브의 선악과 사건이 죄의 출발이오. 아담과 이브는 뱀의 유혹을 받았다 하오. 하나님처럼 눈이 밝아진다는 유혹에 넘어간 거요. 자기를 확대해서 높이려는 마음이 죄의 씨앗인 셈이오. 이렇게 본다면 피조성의 부정이 바로 죄의 본질이 아닐까 생각하오. 카인의 아벨 살해 사건에서도 그 동기는 자기 제사가 받아들여지지 않았다는 사실에서 시작되었소. 거기서도 결국은 자기중심성이 문제였소. 우리가 부도덕한 행위라고 생각하는 모든 것은 결국 자기에 대한 과도한 관심에서 시작되었소. 일종의 나르시시즘이 죄인 셈이오. 오늘 이 시대에 일어나는 유무형의 잘못도 거의 모두 나르시시즘의 변용(變容)이라 할 수 있소.

사람의 자기중심성, 자기 집중은 본능적인 경향이오. 어쩌면 오랜 진화의 과정에서 인간에게 숙명적으로 주어진 경향일지도 모르오. 그건 강렬한 힘이오. 식욕, 성욕, 사회적 성취욕이 얼마나 강렬한지 그대도 알 거요. 그런 것들이 없으면 인류 생명의 지속이 불가능할 지경이오. 이런 본능 자체를 기독교는 죄의 본질로 여기오. 자기 생명을 지키려는 그 강렬한 욕망이 오히려 생명의 주인이신 하나님과의 관계를 파괴하기 때문이라오. 세상은 전혀 그렇지 않다고 생각할 거요. 그들은 그냥 생명현상에만 머물러 있소. 그 욕망을 최대한으로 발현시켜야 한다는 것이오. 그것이 진화의 원리이기도 할 거요. 기독교는 생명현상을 그 너머의 빛에서 성찰하오. 빛은 물론 창조주이신 하나님이오. 창조주로부터 생명이 온다는 사실을 말하는 거요. 빛을 외면하는 것이 바로 자기 집중이오. 생명현상 자체에 매몰되는 거요. 그대는 어떻게 생각하오? 생명이 밖에서 주어지는 것인지, 아니면 내부의 원리인지에 대한 질문이오. 진지하게 생각해 보시오.

이제 성서가 말하는 죄가 무엇인지 전달되었을 거요. 생명의 근원, 생명 창조자를 외면하고 자기에게 집중하는 것이 곧 죄요. 하나님 집중과 자기 집중은 대립하고 있소. 사람이 하나님과 돈을 겸해서 섬길 수 없다는 주님의 말씀을 그대도 기억할 거요. 자기에게 집중하는 사람은 결국 삶이라는 화살의 방향을 잘못 잡은 것(하마르티아)이오.

"우리가 우리에게 죄지은 자를 사하여 준 것같이"라는 문장은 앞에서 말한 성서의 죄 개념과 어울리지 않는 것처럼 보이오. 성서의 죄 개

넘은 생명 창조주인 하나님이 아니라 피조물인 자기에게 집중하는 것이라고 했소. 근본적으로 하나님과의 관계라는 말이오. 그런데 '우리에게 죄지은 자'라는 말은 구체적으로 어떤 사람에게 잘못한 행위를 가리키는 것처럼 보이오. 남에게 피해를 입힌 행위 말이오. 우리가 일반적으로 죄라고 생각하는 것들이오. 남의 물건을 훔쳤거나 중상모략 같은 것들이오. 파렴치한 행위들이오. 이런 것들은 사실 종교적인 차원보다 먼저 이 세상의 도덕률이나 실정법의 차원에서 책임져야 할 사안들이오. 성서가 이 정도 차원에서 인간의 죄 문제에 접근하는 것은 아니지 않소. 성서의 차원에서 이런 것들은 죄라기보다는 죄의 결과들이오. 죄와 죄의 결과들을 구분해서 볼 필요가 있소.

오해는 마시오. 성서가 부도덕한 행위들에 관심이 없다는 말은 아니오. 로마서는 "불의로 진리를 막는 사람들의 모든 경건하지 않음"을 경고하고 있소. 로마서가 말하는 항목들을 열거하겠소. 불의, 추악, 탐욕, 악의, 시기, 살인, 분쟁, 사기, 악독, 수군거림, 비방, 능욕, 교만, 자랑, 악, 불효, 우매, 배약(背約), 부정, 무자비(롬 1:29-31)요. 이런 항목 앞에 이미 동성애를 지적했소. 갈라디아서는 육체의 일에 대한 목록을 열거했소. 음행, 더러운 것, 호색, 우상숭배, 주술, 원수 맺는 것, 분쟁, 시기, 분냄, 당 짓는 것, 분열, 이단, 투기, 술 취함, 방탕함, 그와 같은 것들이오(갈 5:19-21). 그 외에도 바울의 여러 편지에는 부도덕한 일을 경계하고 도덕적인 일을 권장하는 내용들이 나오오. 기독교는 처음부터 도덕적인 일에 매우 민감했소. 그래서 방탕한 것을 별로 나쁘게 생각하지 않는 남편을 둔 로마의 부녀자들이 기독교 신앙을 좋게 생각했소. 그런데 재미있는 것은 하나님은 그들을 내버려 두는 식으로 심판하신다는 사실이오. "그들이 마음에 하나님 두기를 싫어하매 마음대로 내버려두사 합당하지 못한 일을 하게 하셨으니"(롬 1:28). 성서의 이런 표현들이 그대에게 정확하게 전달되었으면 하오. 성서가 죄의 항목들에 매이지 않는다는 뜻이오.

예수님은 신약성서 기자들에 비해 이런 문제에 훨씬 근원적으로 접근하셨소. 그는 세리와 죄인들에게 도덕적인 변화를 요구하지 않으셨소. 하나님 나라를 향해 돌아서라고 요구하셨을 뿐이오. 예수님의 관심은 하나님 나라에 있지, 교양과 도덕성을 갖추게 하는 것이 아니었소. 이 문제는 좀 까다롭소. 참고적으로 나무와 열매의 변증법적 관계로 이해할 수도 있소. 좋은 나무가 좋은 열매를 맺고, 좋은 열매로 좋은 나무를 알아볼 수 있다는 것이오. 우리의 존재론적 변화로만 행위도 선하게 되고, 우리의 선한 행위를 보고서 존재론적 변화를 알 수 있다는 뜻이오. 나무와 열매가 변증법적인 관계라 하더라도 나무가 핵심이오. 열매를 말하는 이유는 복음이 열매를 부정하지 않는다는 뜻이지 열매 자체를 평가하는 것은 아니오. 예수님의 공생애 전체를 놓고 볼 때 이것은 분명한 사실이오.

카타르시스를 넘어서는 회개

그렇다면 주기도에서 왜 "우리가 우리에게 죄 지은 자를 사하여 준 것같이"라는 문장이 나오는 거요? 이 문장은 분명히 앞에서 말한 것처럼 사람이 사람에게 행한 잘못을 말하는 것이오. 여기서 '죄 지은 자'라는 단어는 '빚진 자'라는 뜻도 되오. 성서 난외주에 나왔듯이 이렇게 번역해도 되오. "우리에게 빚진 자를 탕감하여 준 것같이 우리의 빚도 탕감하여 주시옵고." 죄를 지은 것과 빚을 진 것은 보기에 따라 비슷하기도 하고, 다르기도 하오. 빚도 결국 남에게 갚아야 하는 것이기에 넓은 의미에서 죄를 진 것이고, 그러나 어쩔 수 없이 빚을 진 것이니 죄라고 하기는 어렵기도 하오. 고대 사회에서 빚은 지금의 은행 융자보다 더 심각한 생존의 위기였소. 그것은 일용할 양식과 직결되는 것이오. 이런 점에서 일용할 양식을 간구하는 사람이라면 당연히 다른 사람의 빚을 탕감해 주어야 할 것이오. 그런데 그게 잘 안 될 거요. 자기가 못 갚은 빚은 작아 보이지만, 남이 못 갚은 빚은 커 보인다오. 큰 빚을 탕감받은 사람이 그보다 작은 빚이 있는 사람을 감옥에 넣었다는 이야기(마 18:21-35)를 기억하기 바라오. 그게 사람의 본 모습이오.

좀더 실제적인 차원에서, 그대는 이 주기도를 오늘 현실에 그대로 적용할 수 있겠소? 빚진 사람의 빚을 탕감해 줄 수 있소? 모든 이들의 빚을 탕감한다면 경제 체제가 허물어질 것이오. 빚을 갚을 수 없는 사람들의 빚을 탕감해 주는 것으로 이 문제를 해결할 수 있을 거요. 어느 신학자가 이런 제안을 했소. 가난한 나라의 빚을 부자 나라가 모두 탕감해 주자고 말이오. 이런 정신은 구약의 희년 제도에도 그대로 있소. 이런 일을 시도하지 않으면서 '우리 죄를 사해 주시고'라고 기도드리는 것은 공허한 기도요.

우리가 다른 사람을 용서했다 해서 우리의 죄가 용서받는 것은 아니오. 하나님과의 관계가 이런 '기브 앤드 테이크' 방식으로 이뤄질 수는 없는 것 아니겠소. 그렇다면 주기도가 다른 사람의 죄를 용서했다는 단서를 다는 이유는 무엇이오? 그 대답은 두 가지로 볼 수 있소. 하나는 이 단서에서 하나님의 용서를 구하는 사람의 진정성을 확인할 수 있다는 것이고, 다른 하나는 하나님께 용서를 구할 때 다른 사람을 용서할 마음이 생긴다는 것이오. 이런 기도를 통해 우리는 '용서'라는 사태 안으로 빠져드는 것이오. 용서의 현실로 말이오. 용서하고 용서받는 현실에서 우리는 구원을 경험하는 거요. 사죄 기도는 생명의 중심과 연관된 경건한 행위요. 여기서 조심해야 할 사실은 사죄 기도를 감정의 카타르시스로 접근하지 말아야 한다는 것이오.

오늘 교회 현장에서는 이런 감정적인 접근이 많은 것 같소. 눈물이 너무 흔하오. 툭하면 눈물 콧물 다 흘리면서 신앙을 겨우 유지하고 있소. 소위 부흥회에서 이런 일이 자주 벌어지오. 온갖 종류의 죄 목록을 기억하면서 눈물을 흘릴 뿐만 아니라 심지어는 통곡도 마다하지 않소. 성찬식에 참여할 때마다 눈물을 흘리는 이들도 있소. 한숨처럼 '주여!'를 반복하기도 하오. 몇 년 전에 대중적으로 인기가 높은 어느 목사의 설교를 동영상으로 시청한 적이 있소. 그는 툭하면 설교 중간이나 설교 끝에 눈물을 보였소. 10분 가까이 대성통곡하는 일도 있었소. 그 것이 예수 그리스도의 십자가 앞에서 자신의 잘못을 뉘우치는 눈물이 라는 사실은 분명할 거요. 그의 개인적인 영성을 제삼자인 내가 뭐라 말할 수는 없지만―물론 왜 그런지를 이해할 수는 있지만―동의할 수는 없소. 목사가 공개적인 자리에서 자신의 감정을 주체하지 못한다는 것은, 그 리고 그것이 반복된다는 것은 건강한 신앙이라고 할 수 없소. 그렇게 울음을 주체할 수 없다면 골방으로 들어가는 게 맞소.

그런 감정의 방식으로라도 뜨거운 신앙을 경험한다면 그것도 좋은 게 아니냐 생각할 수 있긴 하오. 요즘 신앙인들은 너무 감정이 메마른 게 문제 아니냐 하고 말이오. 오해는 마시오. 감정과 눈물 자체를 부정 하는 게 아니오. 기독교 신앙을 단순히 이성과 합리성으로만 규정하려 는 것도 아니오. 하나님 경험은 이런 언어, 이성, 논리를 뛰어넘는 세계 라는 것은 분명하오. 그렇지만 이런 언어 너머의 경험(불립문자)과 감정 주관성은 구분되어야 하오. 이단 사이비에 가까울수록 감정적인 요소 가 강하오. 감정은 모든 비합리와 비상식의 문제점들을 단숨에 폐기처 분할 수 있기 때문이오. 그대는 소위 '탕자의 비유'(눅 15:11-32)에서 탕자 가 아버지 앞에 나오면서 울었다고 생각하시오? 본문의 보도만 보면 그 런 장면이 없소. 자기 잘못을 인정하고 아들의 자격을 잃었다고 말하는 것으로 끝나오. 내가 보기에 탕자는 자기 잘못을 인정할 때 울지 않았 을 거요. 대신 아버지의 환대를 받고 울었을 가능성은 높소. 자기 죄를 인정할 때는 최대한 맨정신으로 하는 게 좋소. 용서받았다는 사실에 확신이 가고 그것이 감격스러울 때는 당연히 눈물이 날 거요.

복음서에는 탕자의 비유와는 성격이 다른 이야기도 있소. 예수님이 바리새인의 집에서 식사를 하시는 중에 그 동네에서 평판이 별로 좋지 않은 한 여자가 나타났소. "예수의 뒤로 그 발 곁에 서서 울며 눈물로 그 발을 적시고 자기 머리털로 닦고 그 발에 입 맞추고 향유를 부으니"(눅 7:38) 거기 모였던 사람들이 그 장면을 못마땅히 여겼소. 그러자 예수님은 큰 빚을 진 사람과 작은 빚을 진 사람이 동시에 탕감을 받았을 때 큰 빚을 진 사람에게 더 큰 사랑이 있다고 하셨소. "사함을 받은 일이 적은 자는 적게 사랑하느니라"(눅 7:47). 이 이야기는 이 여자의 눈물이 아니라 바리새인들의 교만을 지적하는 것이오. 자기 업적이 많은 사람은 결국 사랑의 능력이 없다는 것이오. 사랑의 능력이 없다는 말은 곧 하나님을 모른다는 것이고, 동시에 구원을 받지 못했다는 말이오.

그대는 하나님이 우리를 용서하셨다는 사실을 진지하게 생각해 본 적이 있소? 오스카 쿨만에 따르면, 우리는 용서를 구함으로 용서하시는 하나님의 역장(力場, Kraftfeld) 안으로 들어가는 것이오. 멋진 표현이오. 우리는 주기도에서 사죄를 기도하오. 그런 기도를 통해 우리는 용서하시는 하나님의 역장으로 들어가게 되오. 예수님은 "네 형제에게 원망 들을 만한 일이 있는 것이 생각나거든 예물을 제단 앞에 두고 먼저 가서 형제와 화목하고 그 후에 와서 예물을 드리라"(마 5:23-24)라고 말씀하셨소. 용서하고 용서받는 사건이 긴밀히 연결되어 있다는 뜻이오. 현실의 삶에서는 이게 간단한 건 아니지만 그쪽으로 나아가도록 하시오.

주기도란
무엇인가

여섯
번째
간구

시험에 들게 하지 마시고

"우리를 시험에 들게 하지 마시옵고." 시험에 든다는 게 무슨 뜻이오? 악의 유혹에 빠진다는 말이 아니겠소. 우선 시험에 들게 하는, 또는 유혹하는 자가 누군지 생각해 보시오. 성서에는 이런 유혹에 대한 일화가 많소. 예수님이 공생애를 시작하기 직전에 40일 동안 광야에서 금식 기도를 하고 있었을 때요. 마귀가 나타나서 세 가지 시험을 했소. 돌로 떡을 만들라. 하나님의 아들이라면 성전에서 뛰어내리라. 마귀에게 절하면 세상의 모든 부귀와 영화를 주리라. 각각의 시험이 특색이 있소. 특히 세 번째 것을 보시오. 부귀와 영화는 결국 마귀의 선물이라는 뜻이 아니겠소? 이 내용에 대한 설명은 더 이상 하지 않겠소. 지금은 시험의 주체가 누군지를 말하는 중이오. 마귀가 예수님을 시험한 것처럼 복음서 기자들이 묘사하고 있소. 잘 생각해 보시오. 마귀는 누구요? 무엇이오? 마귀가 주체적으로 예수님을 시험할 수 있다는 말이오? 마태복음은 그 장면을 이렇게 묘사하고 있소. "그때에 예수께서 성령에게 이끌리어 마귀에게 시험을 받으러 광야로 가사"(마 4:1). 성령에게 이끌렸다고 하오. 그렇다면 예수님을 시험한 주체가 성령이라는 말도 되는 거요. 시험의 본질을 파악하기 어려운 대목이 바로 이것이오. 시험은 사람을 파괴할 가능성이 있기 때문에 마귀의 일이라고 할 수 있으나 기본적으로 하나님의 범주에서 벗어나는 사건은 없다는 점에서 하나님과 상관없는 일도 아니오.

욥의 시험에서 이를 확인할 수 있소. 욥의 삶을 파괴한 이는 사탄이오. 그런데 사탄의 독단적인 행위가 아니라 하나님의 허락을 받은 행위요. 만약 하나님이 허락하지 않았다면 사탄도 욥을 시험할 수 없었소. 그렇다면 욥의 불행이 하나님의 책임이라는 말이 가능한 거요? 이건 가능하지 않소. 이런 설명이 모순처럼 들릴 수도 있소. 하나님의 허락을 받은 행위인데 하나님의 책임이 없다고 하니 말이오. 이 문제를 확연하게 이해하려면 세월이 더 필요하오. 하나님을 부분적으로만 알 수 있기 때문에 이런 모순을 다 해결할 수 없는 거요. 다시 정리하겠소. 성서 기자들은 두 가지 사태에서 고민한 거요. 인간에게 임하는 모든 불행과 시험은 사탄에게 원인이 있다는 것이 하나고, 하나님의 섭리에서 벗어난 것은 하나도 없다는 것이 다른 하나요.

더 솔직하게 질문해도 좋소. 실제로 마귀가 나타나서 예수님을 시험했는지가 궁금하지 않소? 이 문제는 뒤에 나오는 "다만 악에서 구하소서!"와 연결되오. 악의 실체가 무엇이냐 하는 질문이오. 마귀는 우리가 이 세상에서 경험하는 어떤 사물과도 전혀 다른 현실이오. 마치 친구를 만나는 것과 비슷한 사건으로 생각하면 잘못이오. 하나님을 이 세상 사물과 비슷한 존재로 생각할 수 없듯이 말이오. 하나님이 말씀하셨다는 성서의 진술을 깊이 생각해 보시오. 하나님의 말씀을 음성학의 차원에서 받아들이는 것은 잘못이오. 하나님의 언어는 무엇이오? 히브리어, 아람어, 헬라어, 영어, 독일어, 한국어를 자유자재로 사용하시는 거요? 하나님이 아브라함과 모세에게 말씀하셨다는 표현은 시(詩)적인 의미요. 마귀가 예수님에게 나타나서 실제로 예수님이 당시에 사용하던 언어인 아람어로 "이 돌들로 떡덩이가 되게 하라"고 한 것은 아니오. 예수님은 그것과는 전혀 다른 방식으로 시험을 당하신 거요. 자신이 하나님의 아들이 분명하다면 인간을 모든 굶주림에서 해방시키도록 돌을 떡으로 만드는 능력이 있어야 하지 않느냐고 생각했을 수 있소. 사람이 떡으로만 아니라 하나님의 입에서 나오는 말씀으로 산다는 사실을 기억한 뒤로 그는 시험을 극복한 거요. 굳이 자신이 하나님의 아들이라는 사실을 확인하기 위해 초능력을 시험할 필요가 없었던 거요.

앞에서 성서의 언어들은 시적이라고 했소. 성서를 읽으려면 이런 점에서 문학적 상상력이 필요하오. 오해는 마시오. 성서가 단순히 종교문학이라는 말이 아니오. 하나님의 말씀을 이해하는 데 문학적 상상력이 필요하다는 뜻이오. 그대가 이 대목에서 시험에 들지 않기를 바라오. 하나님의 말씀 또는 하나님의 계시는 초자연적으로 임하는 것인데 문학적으로 임한다고 하니 약간 이상하다고 말이오. 여기서 자연적인 것과 초자연적인 것의 차이를 길게 말하진 않겠소. 다만 한 가지만 지적하겠소. 하나님을 너무 초자연적인 쪽으로만 생각하지 마시오. 이 세상 모든 자연적인 것도 하나님의 행위요. 초자연적인 것이 따로 있는 게 아니라 우리의 자연적인 인식으로 따라가지 못하는 것뿐이오. 이런 점에서 진화론과 창조론 논쟁을 자연적인 것과 초자연적인 것의 논쟁으로 몰아가는 것은 부질없는 일들이오. 시에도 사실은 초자연적인 내용이 많소. "나는 시를 쓴 적이 없다. 시가 내게 왔다"는 구절을 보시오. 이게 말이 되오? 시가 왔다는 말을 초자연적인 것으로 읽는 사람은 시를 모르는 사람이오.

문학적인 상상력을 배운다는 차원에서 예수님이 마지막에 받은 유혹이 무엇인지를 그린 소설을 소개하오. 니코스 카잔차키스가 쓴《최후의 유혹》이 그것이오. 소설에서 예수는 십자가 처형 순간 십자가에서 내려와 백마를 타고 가서 마리아 자매들과 결혼하오. 아이를 낳고 평범한 목수로 살아가오. 어느 날 베드로를 비롯한 제자들이 예수의 집에 들어와 멱살잡이를 벌이오. 예수를 넘어뜨리고 머리를 발로 밟으며 예수가 십자가에서 도망친 탓에 자신들이 세상에 나가서 실패했다고 항의하오. 예수는 혼미해지는 의식 가운데 자신은 십자가에서 도망치지 않았다고 외치오. 정신을 차리고 보니 십자가 위였소. 카잔차키스의 문학적 상상력에 따르면 예수가 받은 마지막 유혹은 평범한 가정을 꾸리는 것이었소. 무슨 말이오? 예수님을 비롯해 우리 모두의 실존은 시험의 연속이오.

하나님을 시험하지 말라

시험에 든다는 것이 무엇을 의미하는지 다시 생각하시오. 앞에서는 시험의 주체가 누구냐 하는 질문을 했소. 마귀 또는 사탄이 주체적으로 인간을 시험에 빠뜨릴 수 있느냐는 질문이오. 이제는 시험의 내용에 대한 질문이오. 시험의 본질이 무엇이냐는 것이오. 우리는 시험을 당하는 것만이 아니라 주체적으로 시험을 하오. 시험은 이 양면성을 그대로 갖고 있소. 하나님을 시험하는 것이 바로 인간에게 주어지는 시험의 본질이 아니겠소? 욥의 이야기를 다시 기억해 보시오. 욥의 친구들은 욥이 분명히 죄를 저질렀기 때문에 재앙을 만났다고 윽박질렀소. 그것은 당시의 일반적인 생각이오. 욥은 재앙을 당할 만큼 죄를 저지르지 않았다고 반론을 폈소. 하나님이 누구냐, 그의 섭리는 무엇이냐 하는 논란이 욥 이야기의 배경이오. 결론은 인간의 합리적 논리와 의로운 삶만으로 하나님과 그의 통치를 모두 파악할 수 없다는 것이오. 하나님이 행하신 구원을 바라보는 것이 인간에게 주어진 최선의 삶이고 신앙이라는 말이오. 이런 구도로만 사람이 살기가 힘들다는 데 문제가 있소. 하나님은 사람의 기대를 그대로 채워 주는 분이 아니기에 그분을 신뢰하고 살기가 힘든 거요. 그래서 시험에 드는 거요. 시험에 들려 넘어지고, 그래서 다시 시험하는 주체가 되는 거요.

이스라엘의 역사는 그 사실을 적나라하게 보여 주오. 다른 사건은 접어 두고 가장 상징적인 사건 하나만 예로 들겠소. 출애굽 이후 이스라엘 백성들의 광야 생활이 시작되었소. 애굽의 삶과 광야의 삶이 어떻게 다른지는 잘 알 거요. 광야에서는 최소한의 생존 조건마저 확보하기가 어렵소. 그들은 당장 마실 물과 먹을거리가 늘 부족했소. 그들은 출애굽 후 3개월 만에 시내 산 아래에 도착했소. 원래 계획은 이런 게 아니었소. 한두 달 내에 가나안까지 직선으로 가려는 것이었지만 그게 뜻대로 되지 않았소. 모세는 시내 산에 올라가서 감감무소식이오. 모세는 40일 동안 시내 산에 머물면서 십계명을 비롯한 율법을 완성했소. 모세는 광야 생활을 가나안 시대까지 포함해서 멀리 내다본 것이오. 그 사이에 이스라엘 백성들은 모세의 형 아론을 시켜 금송아지 상(像)을 만들었소. 사람들은 그 앞에서 "이스라엘아 이는 너희를 애굽 땅에서 인도하여 낸 너희의 신이로다"(출 32:4) 하고 외치면서 제물을 드리고 먹고 마시며 정신없이 뛰놀았다고 하오. 자세한 줄거리는 잘 알고 있을 터이니 이만 줄이고, 결론 대목으로 넘어가겠소. 이 사건으로 결국 한나절에 3천 명이나 죽었소. 모세가 레위 사람들에게 칼을 주면서 닥치는 대로 죽이라고 한 거요.

모세는 왜 이렇게 끔찍한 일을 저지른 것이오? 이스라엘 백성들의 죄가 무엇이오? 그들은 왜 금송아지상을 만들었소? 성서가 말한 그대로요. 그들에게는 금송아지상이 바로 이스라엘 백성을 애굽에서 인도한 신이었소. 그런 식으로 확인하지 않으면 자신들이 처한 상황을 버텨 낼 수 없었던 거요. 생존이 불투명한 상황 말이오. 그들은 모세가 일러 주는 신으로는 만족할 수 없었소. 그 신은 "스스로 존재하는 이"요. 그런 신의 약속을 믿고 마냥 기다릴 수는 없었소. 그런 신보다는 당장 생존의 조건을 확실하게 보장해 주는 신이 필요한 것이오. 그래서 금송아지상을 만들었소. 그들의 죄는 하나님을 시험한 것이오.

예수님이 당하신 시험도 근본적으로는 하나님을 시험해 보라는 요구였소. 마귀는 첫 시험과 둘째 시험에서 "네가 만일 하나님의 아들이어든"이라는 전제를 하오. 이에 대해 예수님은 "주 너의 하나님을 시험하지 말라"(신 6:16)고 대답했소. 세 번째 시험 역시 하나님을 시험하는 거요. 부귀와 명예를 줄 수 있는 마귀에게 절하라는 것은 하나님에게는 그런 능력이 없다는 의심이기도 하오. 예수님은 하나님만 경배하고 섬기라는 대답을 하오.

우리는 계속해서 하나님을 시험하려는 시험에 빠지오. 어떻게 사는 것이 생명의 주인이신 하나님을 예배하고 섬기는 것인지 혼란스러워 하오. 이 점에 대해서 내가 구체적으로 설명해야겠소? 아니면 이미 충분히 깨닫고 있소? 단적인 것 하나만 이야기하리다. 신자유주의는 금송아지상이오. 그것은 부 증식과 경쟁력 제고를 절대 가치로 강요하고 있기 때문이오. 사람들을 삶의 기쁨과 자유와 신비가 아니라 두려움과 욕망으로 몰고 가오. 그것이 없으면 생존이 불가능하다는 논리로 사람들을 몰고 가는 거요. 과연 그런 거요? 거기서만 인류의 미래가 보장되는 거요? 생명의 주인이신 하나님을 그런 식으로만 경험할 수 있는 거요? 오늘 교회는 이런 신자유주의를 신으로 섬기는 일에 앞장서고 있소. "너희가 다시는 예루살렘에 올라갈 것이 없도다 이스라엘아 이는 너희를 애굽 땅에서 인도하여 올린 너희의 신들이라"(왕상 12:28)는 진술에서 알 수 있듯이 고대 이스라엘에서 금송아지 사건이 왜 반복되었는지를 우리의 삶에서 확인할 수 있소. 하나님의 나라와 그의 의를 먼저 구하라는 주님의 말씀은 공허한 외침이 되고 말았소. 지금 우리는 하나님을 시험함으로 우리 자신이 시험에 들렸소.

시험, 깨어 있음

이제 우리의 질문은 어떻게 시험에서 벗어날 수 있겠는가 하는 것이오. 물론 우리가 이 세상에서 살아가는 한 시험을 근본적으로 벗어날 수는 없소. 시험은 교회에서도, 수도원에서도 일어나는 일이라오. 또 시험이 반드시 나쁜 결과만 일으키지도 않소. 우리를 단련시키는 시험도 있소. 마귀는 우리를 파괴하려고 유혹하지만 하나님은 우리를 강하게 하려 시험하오. 시험을 마귀의 것과 하나님의 것으로 이원론적 차원에서 분리할 수는 없소. 궁극적으로는 모든 시험이 하나님과 연결되오. 그러나 마귀가 주도적으로 시도하는 시험은 있는 거요. 그것마저 우리를 단련시키기 위한 거라고 할 수는 없소. 반복되는 말이지만, 그것을 구분하기는 해도 완전히 분리할 수는 없소. 그래서 성서는 이렇게 말하오. "사람이 감당할 시험밖에는 너희가 당한 것이 없나니 오직 하나님은 미쁘사 너희가 감당하지 못할 시험 당함을 허락하지 아니하시고 시험 당할 즈음에 또한 피할 길을 내사 너희로 능히 감당하게 하시느니라"(고전 10:13). 우리는 어떻게 시험을 감당할 수 있는 거요? 시험에 들지 않는 길은 어디 있소?

이 질문을 다시 정리해야겠소. 시험에 들지 않는 길은 없소. 시험을 피하는 것 자체가 불신앙이오. 예수님도 시험을 받았는데 우리가 어찌 시험을 받지 않을 수 있겠소. 예수님이 당한 세 가지 시험만이 아니오. 마지막 순간인 십자가에서도 시험을 받으셨소. 그는 십자가 위에서 "엘리 엘리 라마 사박다니" 하고 외치셨다고 하오. 하나님이 자기를 버리신 게 아닌가 생각했다는 뜻이오. 그것은 그의 영혼을 향한 악마의 속삭임이었소. 이상하지 않소? 공생애 초기에 마귀의 시험을 극복하신 예수님이 마지막 순간에 다시 시험에 들렸다는 것이 말이오. 예수님은 공생애 초기부터 끝날 때까지 계속해서 시험을 받으신 거요. 그것은 인간의 숙명이오. 시험에 들지 않게 해달라는 기도는 시험과 상관없이 산다는 것이 아니라 마귀가 주는 시험에 넘어가지 않는다는 뜻이오. 우리는 어떻게 해야 하오?

예수님의 겟세마네 기도 장면에서 에피소드가 발생하오. 당시 예수님에게는 고통스러운 시간이었소. 소위 수제자 세 명에게 이르기를 당신의 마음이 고민하여 죽게 되었으니 자기 옆에 머물러 깨어 있으라고 하셨소. 제자들은 잠이 들고 말았소. 그것을 보신 예수님은 "시험에 들지 않게 깨어 기도하라. 마음에는 원이로되 육신이 약하도다"(마 26:41)라고 말씀하셨소. 시험에 들지 않으려면 깨어서 기도해야 한다는 말이 되오. 우선 본문 자체로만 본다면 예수님이 기도하시는 동안 깨어 있지 않은 것은 민망한 일이기는 하지만 시험에 드는 건 아니오. 이 구절은 초기 기독교의 신앙 전체에 대한 진술이라고 보는 게 좋소. 그들이 처한 신앙적 삶의 자리와 겟세마네의 사건을 연관해서 보도하는 것이라고 말이오. 초기 기독교에서도 시험에 드는 일은 많았다는 말이오. 가장 결정적인 시험은 배교요. 이단과 사설(邪說)도 물론 시험에 넘어가는 것들이오. 복음서 기자는 이런 시험의 근본 이유를 깨어 있지 않고,

또 기도하지 않는 데서 찾은 것이오. 나도 여기에 동의하오.

깨어 있지 않은 상태는 잠든 상태요. 잠이 들었을 때는 무의식이 발동하오. 그 무의식이 훨씬 큰 덩어리이기 때문이오. 우리의 욕망이 절제되지 않고 작동하오. 그대도 그것을 꿈에서 경험했을 거요. 살인도 저지를 수 있소. 평소에는 전혀 상상할 수 없었던 일들이 꿈에서는 가능하오. 이와 달리 깨어 있는 상태는 어떤 것이오? 단순히 잠들지 않은 상태를 가리키는 게 아니오. 우리는 잠들지 않은 상태에서도 꿈속에 있는 것처럼 생각하고 행동할 수가 있소. 우리의 욕망이 제어되지 않는 상태가 대낮에도 계속된다는 말이오. 그것이 무엇인지를 내가 길게 설명할 필요도 없소. 개인에 따라 차이가 있긴 하지만 우리가 얼마나 쉽게 분노하는지를 생각해 보시오. 발각되지만 않는다면 얼마든지 불법을 저지르고, 남에게 피해를 주는 일을 행한다오. 이런 일들이 시험에 들리는 것이오. 모범적으로 살고 있는 그대는 전혀 그렇지 않다고 할 수 있겠소? 그래봤자 종이 한 장 차이오. 겉으로 자기 욕망이 얼마나 드러나는지 아닌지의 차이가 있을 뿐이오. 이런 점에서 볼 때 깨어 있는 것은 단순히 잠에 떨어지지 않은 상태가 아니라는 것을 알 수 있소.

깨어 있음은 기도에서만 가능하오. 이런 말이 상투적인 게 아니라는 사실을 그대가 알았으면 하오. 기도는 하나님과의 영적인 호흡이라고 하지 않소. 그 하나님은 창조주이며, 종말의 주인이오. 우리가 하나님께 기도를 드린다는 것은 바로 창조와 종말의 세계로 들어간다는 뜻이

기도 하오. 이미 우리에게 일어난 생명 창조를 직면하는 일이며, 앞으로 일어나게 될 생명의 완성을 기대하는 일이오. 여기서만 우리의 영혼은 깨어 있을 수 있소. 더 노골적으로 표현하면 우리가 죽음을 직면하는 것이 기도요. 죽음을 직면할 때 우리 영혼이 깨어 있을 수 있소. 이 말이 무슨 뜻인지 그대는 이미 잘 알고 있을 거요. 가장 궁극적인 현실을 직면하는 것만이 우리의 영혼이 깨어 있는 가장 참된 길이오. 더 노골적으로 말하겠소. 그대가 내일 죽는다는 사실을 알게 되었다고 상상해 보시오. 지금 무얼 하겠소? 여전히 스펙을 쌓으려고 동분서주하겠소? 집 장만을 위해 은행 융자를 받으려고 뛰어다니겠소? 종말론적인 관점으로 한마디 더 하겠소. 내일 예수님이 재림하신다는 사실을 그대가 알았다면 오늘 무얼 하겠소? 이런 설명을 공연히 겁주려는 말로 오해하지 마시구려. 모두 죽을 테니 이 세상 일은 아무 의미가 없다는 말로 받지 마시오. 그 반대요. 정신을 차리는 유일한 길을 설명하는 것이오. 하나님 앞에, 즉 하나님의 행위에 직면하는 것이 기도요. 거기서 우리는 정신을 차리고 세상을 치열하게 살아갈 수 있소. 무엇이 참된 현실인지 인식하기 때문이오.

참고적으로 잠에 취하지 않고 깨어 있는 사람들의 모습을 약간이라도 맛보여 주기 위해 '하이쿠'를 소개하겠소.《한 줄도 너무 길다》(류시화 편역, 이레, 2000)에서 인용한 이 하이쿠는 5-7-5의 음수율을 지닌 17자(字)로 된 일본의 짧은 정형시를 가리키오.

얼마나 이상한 일인가?

벚꽃 아래

이렇게 살아 있다는 것은 (이싸)

얼마나 운이 좋은가,

올해에도

모기에게 물리다니 (이싸)

여름 소나기

잉어 머리를 때리는

빗방울 (시키)

얼마나 놀라운 일인가

번개를 보면서도

삶이 한순간인 것을 모르다니 (바쇼)

울지 마라 풀벌레야

사랑하는 이도 별들도

시간이 지나면 떠나는 것을 (이싸)

초조해 하지 마 애벌레들아

시간이 지나면

모두 부활할 테니 (이싸)

목욕한 물을

버릴 곳이 없다

온통 풀벌레 소리 (오니츠라)

너무 울어 텅 비어 버렸는가,

이 매미 허물은 (바쇼)

뻐꾸기가 밖에서 부르지만

똥 누느라 나갈 수가 없다 (소세키)

기도는 호흡이다

다음 질문은 시험에 들지 않게 기도한다고 할 때 구체적으로 어떻게 기도할 것인가 그것이오. 기도를 방법으로 생각하지 말기 바라오. 물론 방법도 필요하긴 하지만 그것이 본질은 아니오. 한국 교회는 지금 기도 인플레이션 상황이오. 그것이 모두 방법론 차원에 머물러 있다는 증거요. 얼마나 많은 기도를 했느냐에 목숨을 거오. 기도가 습관이 되었소. 커피 한 잔을 놓고도 기도하오. 목회 중에 심방이라는 게 있소. 일단 어느 신자의 집에 가면 예배를 드리오. 본래 말하면 이건 예배라기보다는 기도회라고 하는 게 옳소. 편의상 가정예배라고 합시다. 대표기도, 설교 후 기도, 주기도나 축복기도를 하오. 다과를 먹기 전에 또 기도하오. 좋은 기도 습관은 필요하지만 기도의 상투성에 떨어지지는 말아야 하오.

어떻게 기도할 것인가 하는 질문은 본래 무의미하오. 이건 마치 숨을 어떻게 쉬는가 하는 질문과 같소. 하나님 앞에 정직하게 자기를 내놓는 사람은 당연히 기도하게 마련이오. 우리가 생명이 붙어 있는 한 숨을 쉬는 것처럼 말이오. 다만 숨을 더 잘 쉬는 방법이 있긴 하오. 마치 단전호흡이 숨 쉬기 연습이듯이 좋은 기도 연습도 있긴 하오. 두 가지 길이 있소. 하나는 좋은 기도문을 읽고 외우는 것이오. 좋은 시를 읽고 외우는 게 시인이 되는 바른 훈련 과정인 것과 비슷하오. 그대는 일단 좋은 기도문을 읽고 외우도록 해보시오. 다른 하나는 직접 기도 경험을 하는 거요. 기도 경험을 설명하려면 많은 시간이 필요하오. 그런 경험이 나에게 많지 않기 때문에 설명하는 것이 쉽지 않소. 시 쓰기와 비교해서 간단히 설명하겠소. 아무리 좋은 시를 읽고 외워도 자기가 직접 시를 쓰지 않으면 시인이 될 수 없소. 시인을 가리켜 언어의 연금술사라고 한다오. 삶을 언어로 형상화하는 일이오. 이를 위해서는 삶을 이해하고, 언어의 세계를 이해해야 하오. 기도하기도 비슷하오. 삶을 이해하고, 그것을 언어로 형상화하는 능력이 필요하오. 시와

주기도란 무엇인가

다른 점은 삶을 단순히 현상의 차원에서가 아니라 하나님과의 관계에서 이해한다는 점이오.

위의 설명이 이상하게 생각될지 모르겠구려. 기도가 너무 어렵다거나, 기도가 너무 작위적으로 나갈 염려가 있다고 말이오. 기도가 자칫 자기의 신학적이고 현학적인 지식을 자랑하는 기회로, 그래서 교언영색에 떨어질 수 있다고 말이오. 그것보다는 성령의 감동이 더 중요한 게 아니냐고 말이오. 옳소. 기도는 어린아이의 옹알이와 같소. 영혼의 가장 깊은 곳에서 나오는 호소요, 탄원이요, 간구요. 지금 그것을 부정하는 게 아니오. 그런 기도의 영성에 들어가기 위한 준비가 필요하다는 것을 강조할 뿐이오. 아무런 마음도 담기지 않은 공허한 말장난 기도를 그대도 많이 경험했을 거요. 남에게 보이려는 기도, 중언부언하는 기도 말이오. 주일공동예배에서 드려지는 대표기도의 내용을 돌아보시오. 담임 목사를 위한 기도, 각 교회 기관을 위한 기도, 빈자리를 채워 달라는 기도, 교회의 한 해 목표를 위한 기도가 드려지오. 이런 식의 기도가 하나님의 이름, 나라, 뜻을 위한 것이 맞소? 그런 기도에 우리의 영혼이 움직일 수 있겠소? 거꾸로 영혼이 잠들기 맞춤하오.

아무리 노력해도 상투적인 기도 이상을 드릴 수 없는 사람은 어찌하란 말이냐 묻고 싶소? 억지로 기도하려 하지 마시오. 억지로 기도하면 오히려 역효과가 날 거요. 기도의 부담감에 허우적거리든지 아니면 전문적인 기도꾼으로 자리를 잡을 거요. 기도의 요령만 피울 거요. 일단 기도의 영성으로 들어가는 게 필요하오. 기도하고 싶은 마음이 간절해지는 상태요. 이를 위해 앞서 말한 대로 좋은 기도문을 읽으시오. 특히 시편을 읽으시오. 시편의 영성에 공감이 갈 때까지 읽고 배우시오. 충분히 준비가 되면 누가 옆에서 말려도 기도하고 싶어질 거요. 기도의 마음이 들 때까지 기다리라고 한다면 '쉬지 말고 기도하라'(살전 5:17)는 말씀에 위배되는 게 아니냐 하는 생각이 들지 모르겠소. 아니오. 쉬지 말고 기도하는 것은 우리가 일반적으로 생각하는 그런 기도를 말하는 게 아니오. 늘 하나님을 향해 영혼이 깨어 있으라는 뜻이오. 그럴 때만 쉬지 않고 기도할 수 있소. 이런 점에서 그대와 나는 이미 쉬지 않고 기도하는 사람이오.

주기도란 무엇인가

일곱
번째
간구

악에서 구하소서

주기도의 실질적 마지막 항목은 "다만 악에서 구하소서"요. 이 구절은 누가복음에는 없고 마태복음에만 나오오. 누가복음이 이를 생략한 이유는 악 문제가 시험 문제와 연결된다고 생각했기 때문이오. 학자들도 악에 대한 진술은 시험에 대한 진술의 후렴과 같다고 말하오. 그건 옳은 이야기요. 시험은 악과의 관계에서 벌어지는 것이기 때문이오. 물론 우리의 신앙을 단련하기 위해 하나님이 주시는 시험이 있지만 그 경우에도 악이 활동하는 거요. 하나님이 악의 활동을 이용한다고 보면 되오. 악의 실체가 무엇이오?

'악'은 '악한 자'라는 의미도 되오. 우리를 시험에 들게 하는 자이거나, 우리를 불행에 빠뜨리는 자요. 앞에서 몇 번 거론한 마귀, 사탄이오. 성서는 그를 다르게도 표현하오. 악령, 귀신, 악한 권세라고 말이오. 악에서 구해 달라는 기도는 악을 행하지 않게 해달라는 뜻이기도 하고, 악에 의해 피해를 당하지 않게 해달라는 뜻이기도 하오. 우리는 악의 도구가 되기도 하고, 악의 피해자가 되기도 하오. 그 중심에는 '악'이 자리하고 있소.

이 문제는 창조론과 깊숙이 연결되어 있소. 하나님의 창조는 선했소. 모든 것이 하나님 보시기에 좋았소. 하나님만이 창조의 능력이 있는 분이오. 이 행위를 '무로부터의 창조'라 하오. 전무후무한 사건이오. 몰트만은 이를 이렇게 말했소. "신적인 창조는 아날로기아(analogia)가 없는 것이므로 그것은 표상될 수도 없다." 그런데 우리가 살고 있는 이 세상은 그렇게 완벽해 보이지 않소. 곳곳에 불행한 일이 일어나고 있소. 생명이 있는 모든 것들은 죽어야 하오. 성서는 이의 책임을 인간의 타락이라고 말하오. 인간의 입장에서는 뱀에게 책임을 미룰 수밖에 없소. 뱀을 창조한 분은 누구요? 하나님이 아니라고 한다면 하나님이 유일한 창조주라는 사실이 부정되오. 거꾸로 하나님이라고 한다면 타락의 책임이 결국 하나님께 돌아가는 것이오. 어찌하면 좋겠소? 이 딜레마를 벗어나려고 너무 애쓰지 마시오. 이미 성서에서 그런 흔적을 발견할 수 있지만, 사탄을 타락한 천사라고 말하기도 하오. 그러나 그런 말로 이 엄중한 사태를 벗어날 수는 없소. 천사도 타락한다면 하나님의 창조 능력은 상대적이라는 말이 되오.

성서와 그리스도교 신앙은 이 문제를 진작부터 알고 있었소. 그대는 성서와 그리스도교 신앙을 절대적으로 신뢰해도 좋소. 그 영적인 가르침들은 공중에서 뚝 떨어진 게 아니오. 종교적인 감수성에 도취된 이들의 횡설수설이 아니라 세상과 역사의 심층을 정확하게 꿰뚫어본 이들의 이성적이고 진솔한 진술이자 고백이오. 하나님이 선하게 창조한 이 세상에 왜 악이 활동하는가 하는 문제의식은 신정론(神正論)에 해당되오. 이 세상에서 일어나는 무죄한 이들의 고난은 하나님이 선하시고 동시에 전능하다는 명제와 대립한다는 사실을 해명한 것이오. 하인리히 오트의 설명에 따르면 다음과 같이 다섯 가지로 대답할 수 있소.

첫째, 하나님을 향한 욥의 대답에서 이를 찾을 수 있소. "나는 깨닫지도 못한 일을 말하였고 스스로 알 수도 없고 헤아리기도 어려운 일을 말하였나이다. (중략) 내가 주께 대하여 귀로 듣기만 하였사오나 이제는 눈으로 주를 뵈옵나이다"(욥 42:3-5). 욥의 친구들은 욥의 불행을 죄를 지은 탓으로 돌렸고, 욥은 그것을 부정했소. 욥기는 이 양쪽의 주장을 모두 거부하오. 특히 친구들의 주장을 일축하오. 무죄한 이들이 당하는 고난과 재앙에 대한 사람들의 논리가 무의미하다는 것이오. 왜냐하면 하나님은 못 하실 일이 없는 분이며, 무슨 계획이든지 못 이루실 것이 없기 때문이오. 즉 하나님은 피조물인 사람이 이해할 수 없는 방식으로 세상을 창조하고 통치하신다는 뜻이오.

둘째, 십자가 신학에서 제공하는 대답이 있소. 악과 고난이 일어나는 그 현장에 하나님이 함께하신다고 말이오. 예수님의 십자가 사건을 다시 기억해 보시오. 거기서 예수님은 "엘리 엘리 라마 사박다니!"(막 15:34) 하고 외치셨다 하오. 이 말의 뜻은 '나의 하나님, 나의 하나님 어찌하여 나를 버리셨나이까?'라 하오. 그 예수님은 하나님의 아들이오. 삼위일체의 차원에서 그분은 하나님과 본질적으로 일체이신 분이오. 예수님의 십자가 사건은 곧 하나님의 십자가 사건과 똑같소. 십자가는 무죄한 이의 고난과 죽음을 대표하오. 그 자리에 하나님이 함께하신다면 그 고난과 죽음은 이제 전혀 다른 차원의 사건이 된 것이오.

셋째, 부활 신학에서 제공하는 대답도 있소. 부활은 궁극적인 생명으로의 질적인 변화를 말하오. 예수님의 부활은 다시 죽을 몸으로 회생한 것이 아니라 영원한 생명으로 변화된 것이오. 부활 신학은 절대적 무의미성이라는 무(無)로부터 새로운 생명을 만들어 간다는 사실에 대한 믿음이오. 지금 우리가 경험하는 이 삶은 아무리 잘돼도 무상할 뿐이오. 이것으로 우리의 삶이 결정되는 것은 아니오. 우리는 부활의 때를 기다리고 있소. 부활의 세계에서는 악이 완전히 극복되오. 그 부활을 믿는다면 우리에게 임하는 고난과 죽음을 극복할 수 있소.

넷째, 종말론적 대답이 있소. 이 문제만이 아니라 그리스도교의 모든 문제는 종말론적으로만 그 현실성이 확보되오. 칭의만 해도 그렇소. 지금 우리는 믿음으로 의로움을 얻었다고 하지만 실제로는 의롭지 않소. 종말론적인 차원에서 의로운 것이오. 교회도 똑같소. 교회는 종말론적 메시아 공동체라고 하오. 특히 인식론에서 종말론적 시각은 중요하오. 바울이 이렇게 말했소. "우리가 지금은 거울로 보는 것같이 희미하나 그때에는 얼굴과 얼굴을 대하여 볼 것이요. 지금은 내가 부분적으로 아나 그때에는 주께서 나를 아신 것같이 내가 온전히 알리라"(고전 13:12). 지금 우리는 아는 게 별로 없소. 특히 궁극적인 것에 대해서는 거의 모른다고 해야 하오. 무죄한 이들의 고난과 죽음도 종말에 확연히 드러나오. 그때까지 힘들겠지만 기다려 보시오. 종말은 너무 멀고 고난은 당장 힘들다고 생각하시오? 그렇지 않소. 종말은 빠르게 오고 있소. 개인들의 죽음도 빠르게 오듯이 말이오.

다섯째, 윤리적인 대답도 있소. 왜 악 때문에 불행이 닥치는가 묻기보다는 하나님께 순종하면서 끊임없이 고난과 악에 대항하며 살라는 것이오. 선천적 시각장애인 이야기가 예수님의 공생애에 나오오(요 9:1-12). 제자들은 누구의 죄로 이런 불행이 닥쳤는지 예수님께 물었소. 그때 예수님은 당사자나 부모의 죄가 아니라 "하나님이 하시는 일을 나타내고자" 하는 것이라고 대답하셨소. 그리고 그의 장애를 고치셨소. 이유를 알 수 없는 고통 앞에서 원인을 따지는 것보다 그것을 극복할 수 있도록 서로 연대하는 것이 최선이라는 뜻이오.

위의 설명으로 무죄한 자의 고난이라는 신정론의 문제가 완전히 해결된 것은 아니오. 이에 대한 완벽한 대답은 없소. 하나님을 전체적으로 말하기에는 우리가 영적으로 너무 어리오. 피조물인 우리는 궁극적인 것 앞에서는 놀랄 뿐이지 더 이상의 합리적인 설명을 할 수 없소. 그걸 전제하고 할 수 있을 때까지 조금이라도 더 쉽게 설명해 보리다. 악의 활동으로 인한 이유 없는 고난은 수술을 받고 있는 중환자의 경우와 비슷하오. 지금은 고통으로 견딜 수 없지만 수술이 끝나고 마취가 풀리면 그 고통의 이유를 알게 되듯 고난의 시간이 지나고 모든 것이 밝히 드러날 종말의 순간이 되면 완전히 새로운 생명을 얻는다고 말이오. 지금은 아무런 고난과 아픔 없이 사는 것을 가장 행복한 삶이라고 생각하지만 '그날이 오면' 여기서 고난이라고 생각했던 것들이 전혀 문제되지 않을 것이오. 절대적인 세계에서는 그 이전의 상대적인 세계가 별 의미가 되지 못하는 것과 같소. 이유를 알 수 없는 고통을 이런 말로 쉽게 넘어설 수 없다는 것은 분명하오. 고난에서 당장 벗어날 수 있는 묘책은 따로 없소. 감수해야만 하오. 지금 우리는 하나님이 직접 통치할 세계가 오기 전의 중간시대(Zwischenzeit)를 살고 있기 때문이오. 그러나 악에게 지지는 말아야 하오. 거기서 절망하지는 말아야 하오.

신정론을 주로 이야기했는데, 악의 정체가 무엇인지에 대해서는 직접적인 대답을 하지 않았소. 악의 정체를 직접적으로 말할 수 없기 때문이오. 악은 우리의 삶을 파괴하는 존재론적 세력이라는 정도로만 말할 수 있을 뿐이지 더 구체적인 것을 말할 수 없소. 그런 세력이 여러 방식으로 성서에 묘사되어 있소. 지금도 활동하오. 아무래도 한 가지는 더 말해야겠소. 악은 뿔 달린 괴물이 아니라오. 밖으로 흉악한 모습을 보이는 것만 생각하면 안 되오. 거꾸로 마귀는 세련된 모습으로 활동할 때가 많소. 아주 합리적이기도 하고, 실용적이기도 하고, 도덕군자연하기도 하오. 이런 악을 거부하되 두려워 떨지는 마시오. 오스카 쿨만은 말하기를 마귀는 하나님의 줄에 매여 있다고 하오. 하나님이 허락하시는 한계 안에서만 우쭐댈 뿐이오. 쉽지 않겠지만 그대는 오히려 마귀를 조롱할 수 있으면 해보시오. 그게 안 된다면 거들떠보지도 마시오. 그 녀석들은 날뛰어 봐야 '부처님 손바닥 안의 손오공'에 불과하오. 악에 담대하게 맞서기 위해서라도 그대는 마귀를 줄로 제어하고 계신 하나님께 기도해야 하오. "악에서 저희를 지켜 주소서."

여덟 번째 간구

나라와 권세와 영광이
아버지께 영원히 있사옵나이다

주기도의 마지막 대목은 이렇소. "나라와 권세와 영광이 아버지께 영원히 있사옵나이다 아멘." 소위 영광송이오. 이 문장이 누가복음에는 없소. 고대 사본 중에서도 이 구절이 없는 사본이 제법 되오. 초기 그리스도교회는 처음에 이 문장이 없는 주기도를 사용하다가 주기도가 예배에 도입되면서 이 문장을 삽입했다고 보면 되오. 이 영광송의 내용이 주기도 전체 내용과 상응하기 때문에 전승 과정에서 첨부되었다고 해서 큰 문제가 있는 것은 아니오. 주기도만이 아니라 복음서의 많은 부분들이 이렇게 역사의 과정에서 첨삭이 가해졌소. 이런 첨삭은 복음서의 권위를 떨어뜨리는 것이 아니라 오히려 복음이 살아 있다는 증거라 할 수 있소. 성서학자의 설명에 따르면 영광송은 당시 모든 기도에 자동적으로 들어가는 것이라서 예수님이 기도를 가르치실 때는 생략했다고 하오.

나라와 권세가 아버지께

이 마지막 영광송에 세 단어가 나오오. 나라(바실레이아), 권세(듀나미스), 영광(독사)이오. 여기서 나라는 "당신의 나라가 임하시고"라는 대목을 참고하시오. 고대인들에게 나라가 무슨 뜻인지 생각해 보시오. 당시 세상에는 이스라엘이라는 나라, 로마라는 나라, 이집트라는 나라가 있었소. 오늘 우리도 모두 나라에 속하오. 나라에서 왕의 통치는 절대적이오. 고대의 왕정은 나라를 왕의 소유라고 생각했소. 지금은 민중이,

즉 국민이 나라의 주인이라고 생각하오. 주권재민이라고 하오. 그게 민주주의요. 간혹 대통령이 나라의 주인인 것처럼 착각하는 이들도 있긴 하오. 주기도는 나라가 하나님 아버지에게 있다고 하오. 초기 그리스도인들은 바로 그 사실을 마음에 새긴 거요. 나라가 왕에게 속한 게 아니라 하나님께 속한 거라고 말이오. 이런 기도는 왕의 목을 치는 혁명과 비슷하오. 빌라도가 예수를 십자가에 처형한 이유를 알 만하오. 그리스도교는 세상 나라와 공연히 경쟁하지는 않지만 궁극적으로는 세상 나라의 권위를 인정하지 않소.

고대사회에서 권세는 왕과 귀족의 전유물이오. 생사여탈권을 왕이 쥐고 있었소. 초기 기독교의 시대적 배경을 생각해 보시오. 로마제국이 지중해 연안을 지배하고 있었소. 그들은 '팍스 로마나'를 실현하기 위해 최고의 군사력을 확보했소. 현대의 군 작전 개념도 로마군에 기초할 정도로 그들의 군사력은 대단했소. 말을 잘 듣는 식민지는 문화와 종교의 자유를 최대한 보장해 주었지만 거부하는 식민지는 쑥대밭을 만들었소. 고대 로마의 권세를 지금은 누가 쥐고 있다고 생각하오? 지금도 모든 나라들이 이런 권세를 쥐기 위해 수단과 방법을 가리지 않소. 초기 그리스도교는 그 권세가 아버지에게 속한다고 노래했소. 놀라운 발상이오. 세상 권세의 허위의식을 정면으로 부정하는 노래요. 로마가 그리스도교를 얼마나 껄끄럽게 생각했을지 상상이 가오? 오늘 한국 교회는 이런 혁명적 노래를 까맣게 잊어버렸소. 권세자들에게 아부하기 바쁘오. 권세가 아버지의 것이라는 사실을 외면하고 말았소. 이게 무슨

주기도란 무엇인가

뜻인지 설명하지 않아도 그대는 잘 알 거요. 한마디만 하리다. 지금 한국 교회는 물질과 권력을 최고의 가치로 여기는 세속적 시대정신과 야합하고 있소. 그게 어느 정도인지는 모르는 사람이 없소. 교회 성장 지상주의는 그리스도교 신앙의 근본마저 허물어 버릴 듯한 기세로 교회 안에서 군림하고 있소. 이런 상태에서 권세가 하나님께 속했다는 주기도를 반복적으로 드리고 있다니, 염치가 없어도 한참이나 없는 거요.

나라와 권세가 하나님 아버지에게 속했다는 기도가 세상의 모든 권위를 부정하는, 일종의 아나키즘을 가리키는 것은 아니오. 예수님도 이렇게 말씀하신 적이 있소. "가이사의 것은 가이사에게, 하나님의 것은 하나님께 바치라"(막 12:17). 물론 이 말씀을 근거로 예수님이 로마제국을 인정했다고 단정할 수는 없지만 체제 자체를 부정하지 않으신 것만은 분명하오. 바울은 이 문제를 좀더 구체적으로 가르쳤소. "각 사람은 위에 있는 권세들에게 복종하라. 권세는 하나님으로부터 나지 않음이 없나니 모든 권세는 다 하나님께서 정하신 바라"(롬 13:1). 바울의 발언은 바울이 처한 삶의 자리를 전제해야만 정확하게 이해할 수 있소. 바울은 로마 정부가 복음 전파에 도움이 된다고 생각했소. 선하지 않은 정부라 하더라도 그 정부로 인해 사회 질서가 유지되어야만 일종의 신흥종교인 그리스도교가 다른 종교로부터 억울한 박해를 받지 않을 수 있다는 거요. 사도행전의 보도에 따르면 로마 관리들은 바울을 비교적 우호적으로 대했소. 법치가 살아 있었다는 말이오.

교회와 국가의 관계는 매우 미묘하오. 어떤 명확한 관계를 정립하기가 어렵소. 초기 그리스도교 시대, 콘스탄티누스에 의한 밀라노 칙령 이후 시대, 종교개혁 시대, 계몽주의 이후 시대, 현대에 이르기까지 다양한 관계가 형성되었소. 때로는 건강한 관계, 때로는 왜곡된 관계가 형성되었소. 이렇게만 정리하면 좋겠소. 교회는 세속의 권력을 잡는 데 관심을 두지 않소. 그러나 세속 권력을 예언자적 태도로 비판하는 일을 포기하면 안 되오. 나라와 권세가 궁극적으로 하나님 아버지께 속한다는 사실을 믿기 때문에 하나님의 뜻을 외면하거나 거부하는 정권을 비판하지 않을 수 없소.

하나님의 뜻을 거부한다는 것이 무엇인지 판단하는 일도 간단하지 않소. 그리고 투쟁이 어느 선까지인지 결정하기도 쉽지 않소. 로마가톨릭의 해방신학은 라틴 아메리카의 가난한 사람들을 정치·경제 차원에서 해방시키기 위해 때로는 무력투쟁도 불사했소. 1970~80년대의 한국 민중신학은 당시 군사독재자들과 격렬하게 싸웠소. 라틴 아메리카의 가톨릭교회에서도 이런 해방신학에 반대하는 이들이 많았으며, 한국 교회에서도 민중신학을 반대하는 이들이 많았소. 독일 교회도 히틀러 정권 앞에서 혼선을 겪었소. 소위 '독일 그리스도인들'이라는 단체는 히틀러 정권을 방관하거나 우호적인 입장이었소. 독일 교회가 나치에 대해 이렇게 애매모호한 입장을 보인 이유는 마틴 루터의 '두 왕국론'을 오해했기 때문이오. 그 문제에 대해서는 여기서 언급하지 않겠소. 다행히 당시 독일에는 '고백교회' 운동도 함께 일어났소. 고백교회에서 작성한 '바르멘 신학선언'의 첫 항목은 아래와 같소. 원제는 "Die

Sechs Sätze der Barmer Theologische Erklärung" 이오. 여기에 해설은 달지 않을 테니, 여러 번 읽고 생각해 보시오. 이 선언은 현대신학에서 교회와 국가의 관계에 대한 신학적 준거로 인정받고 있소.

> 성서에서 우리에게 증언된 예수 그리스도는 우리가 들어야 하며, 사나 죽으나 신뢰하고 복종해야 할 하나님의 유일한 말씀이다. 우리는 마치 교회가 그 선포의 원천으로서 이 하나님의 유일한 말씀 외에, 그리고 그것과 나란히 다른 사건들, 권세들, 형상들 및 진리들도 하나님의 계시로서 인정할 수 있고 인정해야 하는 것처럼 가르치는 잘못된 가르침을 배격한다. (*Barmer Theologische Erklärung 1934-1984*, Luther Verlag, 245p)

생명의 신비, 영광

영광은 헬라어 '독사'의 번역이오. 사법시험에 합격하거나 훈장을 받았을 때 사람들은 영광스럽다고 하오. 그것이 명예이기는 하나 영광이라고 할 수는 없소. 왜냐하면 사법시험이나 훈장은 곧 사라질 것이기 때문이오. 그렇게 상대적인 것을 영광이라고 할 수는 없소. 사람은 어떤 위대한 업적을 이룬다 해도 영광을 얻을 수 없소. 다 지나가는 것이오. 그래도 사람들은 그것을 얻기 위해 끝없이 노력하오. 왕들이 대표적이오. 자신들에게 영광이 있다는 사실을 확인하기 위해 왕권에 온갖

장치를 마련하오. 고대 이집트 파라오들은 불멸의 꿈도 꾸었소. 아무리 큰 명예를 획득해도 곧 죽는다는 사실 앞에서 그들이 얼마나 두려워했을지 상상이 가오? 죽지 않으려고 발버둥을 쳤을 거요. 결국 그들은 자신을 미라로 만들어서 피라미드에 매장했소. 그런 방식으로 영원히 죽지 않는다고 생각한 것이오. 주기도를 드리는 초기 기독교인들은 왕들에게 영광이 없다는 사실을 주장한 거요. 왕을 영광의 자리에서 끌어내린 거요. 이 세상 그 어떤 위치에 있는 사람도 영광을 얻을 수는 없다는 말이오. 이런 점에서 주기도는 일종의 혁명이라 할 수 있소.

영광이 무엇이오? 그게 무엇인지를 알아야 영광이 아버지께 영원히 있다는 주기도의 내용을 설명할 수 있지 않겠소. 나라와 권세는 어느 정도 느낌이 오는데 영광은 그렇지 않소. 손에 잡힐 것 같으면서도 막상 설명하려면 쉽지 않소. 그 이유는 영광이 추상명사이기 때문이오. 나무, 돌, 물 같은 것들은 실증적으로 경험할 수 있는 것이지만 영광은 그렇지 않소. 실증적으로 경험되지 않는 것을 인식하고 설명하려면 인식의 차원을 심화하는 길밖에 없소. 성서에는 그런 개념들이 아주 많소. 삼위일체, 종말, 칭의 같은 단어들이 그렇소. 사랑도 실은 마찬가지요. 사랑은 실증으로 설명이 가능하지 않소. 하나님의 존재론적 통치 능력이 사랑이오. 하나님으로부터만 가능한 그런 능력을 사람이 실증적으로 인식할 수는 없소. 우리의 인식을 심화하려면 성서를 깊이 읽고 공부해야 하오. 이를 위해 당연히 신학과 인문학 공부도 해야 하오. 오해하지 마시오. 여기서 말하는 신학과 인문학이 학위 공부, 혹은 사람들이 인정할 만한 전문적인 지식만을 가리키는 게 아니오. 근본에 대해 실제적으로 질문할 줄 알고 나름으로 대답을 찾아가는 태도라 할 수 있소. 그런 공부가 한국 교회에서는 불신앙처럼 간주된다는 게 문제요.

성서에 영광이라는 단어가 제법 나오고 있소. 히브리어로 '카봇'이라 하고, 헬라어로 '독사'라 하오. 보통 하나님의 영광이라는 표현으로 나올 때가 많소. 이사야는 이렇게 외친 적이 있소. "만군의 여호와여 그의 영광이 온 땅에 충만하도다"(사 6:3). 여기서 영광은 창조의 위엄을 말하는 거요? 이사야는 도대체 무엇을 보고 여호와의 영광이 온 땅에 충만하다고 말한 것이오? 세상에는 하나님의 창조 행위로 볼 수 없는 일들도 많소. 이유 없는 고난이 그치지 않소. 선천적 장애인들을 보시오. 아벨의 운명도 반복되오. 에스겔은 예루살렘에 즐비한 우상을 보고 "이스라엘 하나님의 영광이 거기에 있다"고 말했소(겔 8:4). 에스겔이 본 하나님의 영광은 도대체 무엇이오? 모세의 시내 산 전승에 이 영광에 대한 이야기가 많소. 모세가 여호와의 부르심에 따라 시내 산에 올라갔다고 하오. 구름이 산을 가렸소. 그런 모습은 요즘에도 흔히 볼 수 있는 거요. 출애굽기 기자는 그 장면을 이렇게 묘사하오. "여호와의 영광이 시내 산 위에 머무르고 (중략) 산 위의 여호와의 영광이 이스라엘 자손의 눈에 맹렬한 불같이 보였고"(출 24:16-17). 묘사만 본다면 그것은 화산 폭발이오. 고대인들에게 그것이 얼마나 두려운 지질학적 현상이었는지는 긴 설명이 필요 없소. 출애굽기 기자는 그런 현상에 하나님의 영광이 나타난 것으로 보았소. 모세는 여호와께 "주의 영광을 내게 보이소서"(출 33:18)라고 요구했소. 여호와께서는 "네가 내 얼굴을 보지 못하리니 나를 보고 살 자가 없느니라"(출 33:20)라고 대답하셨소. 모세는 여호와의 등만 볼 수 있을 뿐이었소. 여기서 여호와의 영광은 무엇이오?

영광은 여호와 하나님께만 붙일 수 있는 개념이오. 하나님의 하나님 되심이 바로 영광이오. 성서 기자들은 그런 사건이나 현상 앞에서 하나님의 영광이 나타났다고 말했소. 하나님의 하나님 되심은 궁극적인 생명 사건과 연관되오. 궁극적이라는 말은 인간의 능력을 넘어선다는 뜻이오. 영광은 사람이 생산할 수 없는 생명의 신비, 또는 신비한 생명의 능력이라고 할 수 있소. 이런 표현들이 그대에게 멀게 느껴질지 모르겠소. 그렇지 않았으면 하오. 이런 표현들이 가깝게 느껴져야만 성서의 깊은 영성을 맛볼 수 있소.

신약성서는 하나님께만 붙일 수 있는 영광을 예수 그리스도에게 붙이고 있소. 두 구절만 인용하겠소. 한 구절은 복음서에서 인용하오. "말씀이 육신이 되어 우리 가운데 거하시매 우리가 그의 영광을 보니 아버지의 독생자의 영광이요 은혜와 진리가 충만하더라"(요 1:14). 말씀이 육신이 되었다는 것은 성육신(成肉身, incarnation)을, 즉 인간 예수를 가리키오. 그에게 영광이 있다는 것은 그의 운명에 신의 현현이 일어났다는 뜻이오. 다른 한 구절은 서신에서 인용하오. "어두운 데에 빛이 비치라 말씀하셨던 그 하나님께서 예수 그리스도의 얼굴에 있는 하나님의 영광을 아는 빛을 우리 마음에 비추셨느니라"(고후 4:6). 예수 그리스도의 얼굴이 다른 사람의 얼굴과 완전히 달라 보이는 건 아니오. 예수님에게 늘 후광이 있었다거나 천사들이 수종을 든 것처럼 상상하지는 마시오. 주님의 겉모습에 영광이 드러난 것은 결코 아니오. 그분은 우리와 똑같이 생기셨소. 우리와 똑같이 외로워하시고, 고통스러워하셨소. 그의 얼굴에 하나님의 영광이 있다는 말은 위 복음서의 내용과 마찬가지로 그의 운명에 하나님이 현현하셨다는 뜻이오. 그것은 예수님에 대한 초기 그리스도인들의 신비한 인식이고 경험이오.

하나님의 시간, 영원

주기도의 영광송은 나라와 권세와 영광이 아버지께 '영원히' 있다고 했소. 헨델의 칸타타 〈메시아〉에도 '영원히'(forever)가 반복되는 노래가 있소. 영원하다니, 참으로 놀랍지 않소? 우리는 우리 삶이 한순간이라는 사실만 알 뿐이지 '영원히'라는 단어의 깊이를 알 수는 없소. 알이 새의 시간을 알 수 없는 것과 같소. 물속의 고기가 물 밖의 세계를 모르는 것과 같소. 동굴 안과 동굴 밖이 다른 것과 같소. 질적으로 다른 생명에 이르기까지 나라와 권세와 영광이 아버지께 속한다는 뜻이오. 초기 기독교는 애송이 시절부터 이렇게 우주론적인 차원에 속한 세계를 노래했소. 주기도에 영광송이 보충되었다는 것은 주기도가 단순히 기도가 아니라 찬송이었다는 증거요. 주기도는 기도이며 동시에 찬송이오.

영원하다는 말이 무슨 뜻인지 구체적으로 생각해 보시오. 이 말을 문자적으로 고지식하게 받아들이는 이들도 있소. 끝없이 계속되는 상태를 가리킨다고 말이오. 이론적으로 그 말은 맞소. 숫자를 써 보시오. 1, 2, 3 …… 무한히 계속될 거요. 숫자로만 보면 끝이 없는 세계가 가능하오. 숫자로 가능하다고 해서 실질 세계도 가능한 것은 아니오. 지구를 보시오. 지구가 영원히 계속되지는 않소. 지구의 나이는 지금 45억 년이 되었고, 앞으로 다시 이 정도 시간이 지나면 사라지게 되어 있소. 태양과 운명을 같이할 거요. 우주는 대략 130억 년이 되었다 하오. 시간이라는 것도 태양계 안에서만 통용되오. 지구의 자전 주기인 하루는 24시간이고, 공전 주기는 365일이오. 금성과 목성에서는 하루의 시간이 다르오. 물리학에서는 시간마저 상대적인 개념으로 다루고 있소. 빛보다 빠른 속도로 움직일 수 있다면 시간 여행이 가능하다는 논리가 있소. 빛의 속도를 능가하는 세계에서는 시간과 공간의 결합이 해체된다는 뜻이오. 이런 상대성 이론 앞에서는 영원의 의미도 당연히 달라지오.

영원의 문제를 우리 삶의 실제 차원에서 생각해 보시오. 고대 제국의 왕들은 영생 불사를 꿈꿨소. 어떤 점에서 고대 제국의 왕보다 더 풍요롭게 사는 현대인들도 영생 불사를 꿈꾸오. 그대도 죽지 않고, 늙지도 않는 몸으로 영원히 건강하게 살고 싶소? 그럴 날이 머지않아 올지도 모르오. 병들거나 고장 난 몸을 반복해서 갈아 끼우는 시대가 오면 되는 거요. 두 가지 방법이 있소. 하나는 줄기세포를 이용하는 것이고, 다른 하나는 인공 장기를 개발하는 것이오. 심장과 뇌를 싱싱한 것으로 대체하는 거요. 무한정 사는 것은 아니라 하더라도 상상할 수 없을 정도로 수명이 늘어나는 건 분명하오. 구약에 나오는 므두셀라의 수명이 평균 수명이 될 수도 있소. 수명이 연장된다고 해서 우리의 삶이 질적으로 달라지지는 않소. 수명이 길어지기 때문에 삶이 더 무료할 수도 있소. 악의 준동이 더 심해질 수도 있소. 이런 시간의 연장은 성서가 말하는 영원은 결코 아니오.

여기서 핵심은 시간이 무엇이냐 하는 질문에 있소. 우리는 일반적으로 연대기적으로 시간을 이해하오. 세계 역사나 한민족의 역사도 연대기적으로 서술되오. 그런 시간 이해를 '크로노스'라 하오. 사람은 대개 세계의 흐름을 시간표로 작성할 수 있다고 믿소. 기원전 587년에 남유다가 바벨론에 의해 함락당했고, 기원후 70년에 예루살렘이 로마에 의해 파괴됨으로 유대전쟁이 끝난 거요. 기원후 1910년에 한민족이 일본의 식민지가 되었고, 1919년에 비폭력 독립 운동을 펼쳤으며, 1945년에 해방되었다고 말이오. 하지만 이런 연대기만으로 세상을 이해할 수는 없소. 특히 역사를 하나님의 구원사로 보는 그리스도교는 다른 관점으로 역사와 시간을 보오. 하나님의 시간, 의미 있는 시간, 구원의 시간으로 해석될 수 있는 '카이로스'가 그것이오. 성서는 자주 하나님의 '때'가 되었다고 말하오. 예수님도 '내 때'가 아직 아니라거나 왔다고 말씀하셨소.

위에서 내가 시간과 역사에 대한 까다로운 신학 개념을 설명했소. 그것 자체를 말하려는 게 아니라 영원이라는 주기도의 진술을 설명하기 위한 것이었소. 영원은 연대기적인 시간이 무한정 계속되는 것이 아니라는 말이오. 영원은 하나님의 시간인 거요. 이런 설명으로도 영원 개념이 충분하게 전달되지는 않았을 거요. 시간과 역사에 대한 고정관념에 묶여 있기 때문이오. 사람은 그런 고정관념을 벗어나기가 어렵소. 세상을 평면적으로만 바라보는 사람은 그 이상을 볼 수 없는 것과 같소. 플라톤의 '동굴의 비유'에는 동굴 속 사람들이 동굴 밖을 보고 온 사람의 말을 전혀 이해하지 못하고 들으려고도 하지 않는 장면이 나오오. 지금 여기서의 시간 개념에 묶여 있는 한 영원 개념을 이해할 수는 없소.

지금 우리는 매우 제한적으로 생명을 누리고 있지만 영원한 하나님의 세계와 연결되어 있소. 그게 그리스도 신앙의 진수요. 종말론적으로 하나님의 나라에 심판을 통해서 참여하게 될 것이오. 심판은 알곡과 가라지가 구분되는 사건이오. 생명과 사이비 생명이 구분되는 사건이오. 종말만이 아니라 지금 여기서도 우리는 하나님의 영원한 생명에 들어가 있소. 이것이 요한복음 기자가 말하려는 구원의 신비이기도 하오. 그 중심에 예수 그리스도가 계시오. "예수께서 이르시되 나는 부활이요 생명이니 나를 믿는 자는 죽어도 살겠고 무릇 살아서 나를 믿는 자는 영원히 죽지 아니하리니 이것을 네가 믿느냐?"(요 11:26)

자기욕망의 시대를 거스르는,
공동체 기도 강의

주기도란
무엇인가

정용섭 지음

홍성사

하늘에 계신 우리 아버지여

이름이 거룩히 여김을 받으시오며

나라가 임하시오며 뜻이 하늘에서 이루어진 것같이

땅에서도 이루어지이다

오늘 우리에게 일용할 양식을 주시옵고

우리가 우리에게 죄지은 자를 사하여 준 것같이

우리 죄를 사하여 주시옵고

우리를 시험에 들게 하지 마시옵고

다만 악에서 구하시옵소서

나라와 권세와 영광이 아버지께 영원히 있사옵나이다 아멘

진실로 진실로, 아멘

　주기도의 마지막 단어인 '아멘'을 그대에게 화두로 주고 싶소. 우리는 기도를 '아멘'으로 끝내오. 아멘은 히브리어로 '그렇게 되기를 바랍니다' 또는 '옳습니다'라는 뜻이오. 예수님께서 '내가 진실로 진실로 너희에게 이르노니'(요 10:1상)라고 말씀하실 때의 그 '진실로'가 '아멘'이오. 참고적으로 헬라어 성경은 그 대목을 이렇게 전하오. "아멘 아멘 레고 휘민." 마르틴 루터는 아멘을 'wahrlich'라고 번역했소. 한글 성경과 똑같이 '진실로'라는 뜻이오. 주기도가 아멘으로 끝난다는 것은 그것이 바로 진리라는 것을 인정한다는 것이고, 그 기도의 내용대로 살겠다는 뜻이기도 하오. 아멘은 궁극적으로 진리 논쟁인 셈이오. 진리를 알아가고, 진리대로 행동하는 투쟁이오.

　도대체 진리가 무엇이오? 낱말 뜻으로는 '참된 것'이오. 어떤 주장이 진리라면 어떻게 인정받을 수 있소? 이단들도 모두 자신들이 진리라고 외치오. 교회 안에서도 각자 자신들의 주장이 옳다고 확신하오. 지금 진리론을 여기서 전개할 생각은 없소. 두 가지만 말하겠소. 하나는 진리를 가리키는 헬라어 '알레테이아'의 근본 성격이오. 그것은 탈(脫)은폐라 하오. 진리는 스스로 자기를 드러내는 길을 가는 능력이오. 사람이 그것을 감출 수는 없소. 감추어 봐야 일시적이오. 진리는 언젠가는 밖으로 드러나게 되어 있소. 그 과정이 바로 역사라 할 수 있소. 구약에 나오는 거짓 선지자들도 각자 신탁을 받았다고 외쳤소. 나름 진정성도 있긴 했소. 그러나 그들의 선포는 진리가 아니기에 역사에서 배제되었소. 참된 선지자는 당시엔 외면당했어도 역사에서는 인정받았소.

다른 하나는 "진리를 알지니 진리가 너희를 자유롭게 하리라"라는 예수님의 말씀이오. 진리는 자유의 능력이오. 빌라도는 "무릇 진리에 속한 자는 내 음성을 듣느니라"라는 주님의 말씀을 알아듣지 못했소. 빌라도에게는 로마의 평화만이 진리의 기준이었기 때문에 예수님이 진리이며, 예수님을 통해서만 자유의 세계에 들어갈 수 있다는 사실을 알아듣지 못했을 거요. "진리가 무엇이냐?" 하고 고민하다가 결국 그는 예수님에게 십자가형을 선고했소. 그게 로마의 최고급 관료이며 지성인인 빌라도의 한계였소.

우리가 기도의 마지막에 '아멘'을 말한다는 것은 기도 내용이 진리라는 사실에 대한 인정이며, 동시에 그 내용대로 살겠다는 결단이오. 아멘을 그대로 삶으로 받아들이려면 그리스도교 신앙이 왜 진리인지 질문을 쉬지 말아야 하오. 그것은 진리 앞에서의 자기 성찰이오. 이런 말이 그대에게 공자 왈로 들리지 않았으면 하오. 우리가 진리를 알면 얼마나 알겠소. 중요한 것은 그것 앞에 서 있다는 태도를 유지하는 것이오. 이런 태도를 유지하는 사람은 독단에 빠지지 않소. 그런 이들의 영혼은 자유로워서 자유의 영인 성령과 공명되오.

이제 마지막으로 '아멘'의 영성에서 가장 중요한 사실을 말하겠소. 앞의 것은 다 잊어도 좋지만 이제 말하려는 부분은 가능한 한 잊지 마시오. 여기에 그리스도인의 정체성이 있기 때문이오. 그리스도인은 모두 하나님 앞에서 '아멘'만 아는 사람들이오. 하나님 앞에서는 아멘 외에는 우리가 선택할 것이 아무것도 없소. 이것은 '예'의 신앙이오. 하나님 앞에서는 예만 있지 아니오는 없소. 이것도 위에서 말했듯이 공자 왈로 듣지 마시오. 습관적으로 '예' 라는 말이 아니오. 예수님의 비유를 보시오. 일하러 가라는 아버지의 말에 형은 '예'만 했지 실제로는 가지 않았소. 이것은 '예'가 아니오. 마음이 없는데 입만 연 것이오. '예'에는 당연히 아니오도 포함되어 있소. 하나님의 뜻 앞에서 '예' 하려면 사람의 요구에 '아니오' 할 수 있어야 하오. 우리가 늘 '예'만 하려면 하나님의 뜻을 분별할 줄 알아야 하오. 하나님의 뜻이 우리 삶을 전폭적으로 지배하면 우리는 아니오를 말할 기회가 없소. 이것을 가리켜 큰 긍정의 영성이라고 말할 수 있소. 긍정이라는 단어가 오해를 불러일으키오. 《긍정의 힘》을 쓴 오스틴류의 신앙을 가리키는 게 아니오. 그가 말하는 긍정은 심리적인 자기 암시에 불과하오. 짝사랑에 빠진 소녀의 나르시시즘과 비슷하오. 큰 긍정은 자기에 대한 연민이 아니라, 자기를 확장하는 삶의 태도가 아니라 하나님의 행위에 집중하는 것이오.

이제 주기도 공부는 다 끝났소. 따라오느라 수고가 많았소. 조금이라도 남는 게 있었으면 하오. 주기도 공부를 통해 기도에 대한 생각이 정리되었기를 바라는 거요. 주기도에 집중하느라 기도 일반에 관한 것은 별로 설명하지 못했소. 기도에 관한 다른 질문이 많이 남아 있을 거요. 그것을 내가 정리해 보리다.

·기도에 반드시 응답이 따르는가

·하나님은 우리의 모든 것을 아시는 분인데 굳이 기도할 필요가 있나

·얼마나 자주, 얼마나 오래 기도해야 하나

·식사 기도는 반드시 필요한가

·자유기도와 성문기도의 장단점에 대해

·기도도 배워야 하는가

·기도가 잘 안 된다. 2, 3분 기도하면 끝이다. 길게 기도할 수 있는 방
  법은?

·방언기도, 통성기도, 안수기도는?

·관상기도, 금식기도, 약정기도, 서원기도에 대해

·예수는 하나님의 아들인데 왜 기도하셨나

·죽은 자를 위한 기도는 가능한가

·기도하지 않으면 신앙생활이 불가능한가

·강청기도는 신앙적인가

·기도 끝에 '예수님의 이름'을 반드시 붙여야 하나

·꼭 무릎을 꿇거나 앉아서 머리를 숙이고 기도해야 하나

·시편에는 저주 기도가 나오는데, 그것도 신앙적인 기도인가

·젊은이들이 결혼을 위해서도 기도해야 하나

·성령이 말할 수 없는 탄식으로 우리를 위하여 친히 간구한다는 말
  (롬 8:26)은 무슨 뜻인가

·40일 시한부 기도에는 특별한 능력이 나타나는가

주기도란 무엇인가

· 로마가톨릭교회 신자들이 드리는 마리아 기도는 잘못된 게 아닌가

    이런 질문들이 기도에 대한 모든 궁금증을 다 해소할 수는 없을 거요. 질문할 내용은 위의 것들만이 아니라 더 많을 거요. 지금 이 자리에서 일일이 답할 수도 없소. 한 가지 질문에 답하는 데도 많은 시간과 노력이 필요하오. 지금까지의 강의를 잘 따라왔다면 위 질문에 대해서는 어느 정도 감을 잡을 수 있을 거라 보오. 스스로 답을 찾아보시오. 성령이 도와주시기를 바라오.

    여기까지 읽어 오니 기도에 대한 생각이 바뀌었소? 더 심화되었소, 부담이 더 심해졌소, 아니면 기도 냉소주의로 흘렀소? 너무 조심하느라 기도를 멀리하지 않기를 바라오. 성서 어디에도 기도하지 않아도 된다고 가르친 구절은 없소. 하나님은 우리의 기도를 들으시는 분이오. 그분께 우리의 기도가 필요한 것은 아니지만 우리는 기도를 드려야 하오. 아버지에게 어린아이들의 요구가 필요하지 않으나 아버지는 그것을 듣기 원하는 것과 같소. 그러니 우리가 어찌 기도를 드리지 않을 수 있겠소. 기도하시오. 기도하고 싶은 마음이 들도록 그대의 영혼을 하나님께 집중해 보시오.

    끝으로 스탠리 하우어워스의 이야기를 전하겠소. 그는 《주여, 기도를 가르쳐 주소서》의 마지막 대목에서 이런 이야기를 했소. 저자가 어머니를 뵈러 양로원을 방문했다고 하오. 마침 식당에서 예배가 드려졌소. 어떤 설교자가 열정적으로 설교를 했으나 별로 반응이 없었소. 죽

음을 눈앞에 둘 정도로 나이가 많은 이들이라 무슨 말인지 알아듣지 못했던 거요. 그런데 설교자가 주기도를 시작하자 모든 노인들이 따라서 드렸다고 하오. 주기도가 그들에게 체화된 거요. 그대는 죽는 순간에 주기도가 저절로 나올 수 있도록 주기도에 힘쓰시오. 다른 기도를 모른다 해도 잠에서 깨어난 순간, 그리고 잠들기 전에 주기도를 드리시오. 주기도의 일상을 살아가시라는 말이오. 그것은 그대의 영혼에 주기도를 담아 내는 훈련이기도 하오. 나도 숨을 거두는 순간에 주기도를 드렸으면 하오.

주기도란 무엇인가

교회력에 따른
공동 기도문

대림절 첫째 주일

신실하시며 변함이 없으신 하나님,
주님의 약속은 영원토록 흔들림이 없나이다.
하나님의 아들 예수 그리스도는
2천 년 전 육신을 입으시고 유대 땅에 오시어
자신과 일체이신 하나님 나라를
전체 운명으로 증거하셨으며,
죽은 자 가운데서 삼 일 만에 부활 생명을 얻으시고
은폐된 생명의 자리인 하늘에 오르셨으며,
생명을 완성하기 위해서 속히 오시리라는 약속을 믿나이다.
종말의 영을 우리 모두의 영혼에 가득히 부으시어
새벽을 기다리는 파수꾼처럼 매 순간 깨어 있는 영성으로
생명이 완성될 주의 재림을 준비하게 하소서.
생명의 주인이신 주님,
거짓 생명의 유혹에 흔들리는 저희를 붙들어 주소서.
우리를 절망하게 하는 악한 영,
생산과 소비를 생명으로 착각하게 하는 교만한 영으로 인해서
주님이 오심으로써만 가능한 생명을 외면할 때가 많나이다.
'다시 온다'는 약속이 성취되는 그 순간에
우리도 주님의 영광에 참여할 줄 믿나이다.
예수 그리스도의 이름으로 기도드리나이다.
아멘!

대림절 둘째 주일

창조와 종말의 능력이신 하나님,
오늘 대림절 둘째 주일을 맞아
종말론적 메시아 공동체에 속한 형제와 자매들이
한마음, 한 열정, 한 희망 안에서 예배를 드리오니
하나님 홀로 영광 받아 주소서.
하나님이 우리와 함께하시기에
고난 중에서도 즐거워하며
즐거움 중에서도 겸손할 수 있나이다.
세상에서 원하는 모든 것을 얻거나
원하지 않는 모든 것을 피할 수 있다 하더라도
궁극적인 생명의 주인이신 하나님이 함께하지 않으신다면
우리는 결코 참된 안식을 얻을 수 없나이다.
우리의 평범한 시간과 일상이
주님이 곧 오신다는 한 가지 사실로 인하여
무한한 기쁨으로 가득 채워지기 원하나이다.
그것 한 가지 사실에만
우리의 실존과 미래를 걸고 살아가기 원하나이다.
아무도 생각하지 못한 순간에,
아무도 예상하지 못한 방식으로 이 세상에 오실
예수 그리스도의 이름으로 기도드리나이다.
아멘!

대림절 셋째 주일

홀로 전능하신 하나님,
주께서는 사람을 만드시고
주님의 영광을 위해 살게 하셨으나
사람은 오히려 자기의 영광을 추구했나이다.
죄와 죽음의 길을 갈 수밖에 없는 우리를 위해
독생자 예수 그리스도를 세상에 보내셨나이다.
하나님이 피조물의 자리로 내려오신 예수 그리스도로 인해
사람과 만물에게 구원의 가능성이 열렸나이다.
우리는 지금 간절한 심정으로
예수 그리스도의 재림을 기다리나이다.
속히 오셔서 전쟁과 폭력이 멈추게 하시고,
주님의 자녀가 정의와 사랑으로 서로 섬기며
모두 주님 안에서 한 백성으로 살게 하소서.
우리에게 지혜를 주셔서 주님의 뜻을 알아보게 하시고,
우리 마음을 열어 주님의 말씀을 듣게 하소서.
그리하여 능력과 영광으로 오셔서
평화와 정의의 나라를 세우실 그리스도를 위해
우리도 맡은 바의 길을 준비하게 하소서.
속히 우리에게 다시 오시어 영원한 생명을 허락하실
예수 그리스도의 이름으로 기도드리나이다.
아멘!

대림절 넷째 주일

은혜와 사랑의 하나님,
하나님께서는 동정녀 마리아를 택하셔서
우리 구세주의 어머니로 삼으셨나이다.
이제 우리에게도 은혜를 충만히 내리셔서
마리아와 함께 주님의 구원을 기뻐하게 하시고,
모든 일에 주님의 뜻을 기꺼이 받아들이게 하소서.
마리아가 자기 생명을 바쳐 주님의 뜻을 따름으로
주님의 영원한 말씀이 우리 가운데서 육신을 입으셨나이다.
주님이 오실 때까지 우리가 감당해야 할 삶의 몫이 무엇인지
늘 세밀한 영성으로 분별하게 하시고,
기꺼운 마음으로 참여하게 하소서.
우리 앞에 놓여 있는 현실이 어둡다 해도
하나님이 전권으로 통치하실 종말의 빛에서
평화와 기쁨과 희망을 잃지 않을 뿐만 아니라
종말의 삶을 지금 여기서 구체적으로 살아가게 하소서.
지금 우리의 영혼을 다 기울여 예배하오니
주님 홀로 영광 받아 주소서.
만물의 통치자이며 구속자이신,
신비로운 방식으로 종말의 생명을 오늘 허락하시는
예수 그리스도의 이름으로 기도드리나이다.
아멘!

성탄절

말씀으로 우주를 창조하셨으며

지금도 고유한 방식으로 다스리시고,

종말에 권능으로 완성하실 하나님,

주께서 우리를 하나님의 형상으로 지으시고

우리로 주님을 사랑하며 섬기도록 명령하셨나이다.

때가 되어 독생자 예수 그리스도를 보내셔서

우리의 구주가 되게 하셨나이다.

영원 전부터 주와 함께 계신 주님의 말씀이

예수 안에서 육신이 되어 은혜와 진리가 충만한 가운데

우리 가운데 거하셨으며

우리는 주님의 영광,

곧 임마누엘을 보았나이다.

하나님이 육신을 입으시다니,

하늘이 땅에 내려오시다니,

거룩함이 세속에 내재하시다니,

하나님의 긍휼과 사랑이 우리에게 차고 넘치나이다.

시간이 창조된 이후로 가장 거룩한 날인 성탄절에

우리 모두 당신께 영광을 돌리오니 받아주소서.

만물의 통치자이며 구속자이신

우리 주 예수 그리스도의 이름으로 기도드리나이다.

아멘!

성탄절 후 첫째 주일

독생자를 아낌없이 세상에 보내신 하나님,
당신의 사랑만이 생명의 토대이며,
당신의 행위만이 창조의 능력이고,
당신의 말씀만이 부활의 희망이나이다.
창조와 부활의 능력으로 세상을 통치하시는 하나님은
성육신하신 말씀의 새 빛을
어둠 가운데서 살아가던 우리에게 비추시어
생명과 평화의 세계에 참여하게 하셨나이다.
말씀의 빛이 우리 영혼 속에서 타올라
그 빛과 온전히 하나 되기 원하나이다.
생명의 빛이신 하나님,
예수 그리스도 안에서,
예수 그리스도를 통해서
우리가 주 앞에 설 수 있게 하시고
세상 가운데서 그의 영광을 드러낼 수 있게 하소서.
지금 동일한 시간과 공간에 모인 우리가
제단에 바쳐진 제물의 자세로 예배를 드리오니
삼위일체 하나님, 영광 홀로 받으소서.
길과 진리와 생명이신,
보이지 않는 하나님의 보이는 실체이신
예수 그리스도의 이름으로 기도드리나이다.
아멘!

성탄절 후 둘째 주일

전능하신 하나님,

주님은 말씀의 빛으로 우리에게 오시어

우리를 생명의 영으로 충만하게 하셨나이다.

우리의 모든 생각과 행동에,

그리고 우리의 모든 삶에,

현재만이 아니라 죽음 이후에 이르는 전체 운명에

이 빛을 가득 비추시어

하나님의 생명을 풍요롭게 누리게 하옵소서.

하나님만이 영원하고 참된 생명의 근원이시나이다.

주님께는 천 년이라도 밤의 한순간 같고,

한순간 안에도 영원한 생명이 신비롭게 은폐되어 있나이다.

믿음의 선조들에게 그러하셨듯이

이제와 영원까지 우리를 구원의 세계로 인도하여 주소서.

우리의 마음이 주의 뜻을 분별하는 법을 배우게 하시고

하나님을 향한 결단이 흔들리지 않게 하소서.

어떤 시련을 만나더라도 절망하지 않게 하시고,

어떤 행운을 만나더라도 교만하지 않게 하시며,

하나님께만 집중하게 인도하소서.

마리아의 몸을 통해 세상에 오셨을 뿐만 아니라

십자가에 달리기까지 하나님께 순종하신

예수 그리스도의 이름으로 기도드리나이다.

아멘!

주현절 후 첫째 주일

세상을 창조하시고 다스리시며,

우리를 선택하시고 구원을 선물로 주신 하나님.

오늘 주현절 후 첫째 주일을 맞아

믿음의 형제자매들이 한 자리에 모여

당신의 은혜에 감사하며,

당신의 영광을 찬송하나이다.

예수 그리스도가 바로 하나님의 나타나심이며,

하나님의 임재임을 믿나이다.

예수 그리스도가 아니었다면

우리가 어디서 하나님을 경험할 수 있겠나이까.

나사렛 목수의 아들 예수 그리스도만이

우리의 생명이며, 구원이며,

참된 빛이심을 믿나이다.

이 어둠의 시절에도

우리가 희망을 놓치지 않을 수 있는 이유는

예수 그리스도가 오셨기 때문이나이다.

그 모든 일을 오래 전 계획하시고 실행하신 하나님께

우리의 현재와 미래를 모두 바치나이다.

이 세상에 빛으로 오셨고,

마지막 때 생명을 완성하기 위해 다시 오실

주 예수 그리스도의 이름으로 기도하나이다.

아멘!

주현절 후 둘째 주일

처음과 나중이 되시는 여호와 하나님,

우리의 영혼을 드높여 당신의 영광을 찬양하나이다.

이 세상에는 하나님의 손길이 없는 곳이 없으며,

하나님이 존재하지 않는 시간이 없나이다.

우리 어깨에 닿은 햇살도 하나님의 손길이며,

죽음의 두려움에 빠져 있는 순간도

영원하신 하나님의 시간임을 믿나이다.

하나님이 세상을 창조하신 분이시며,

세상을 완성할 분이라는 사실보다

우리 앞에 더 크고 완전한 진리는 없나이다.

피조물인 우리가 하나님을 찬양하는 것이야말로

마땅한 도리이며, 누려야 할 기쁨이고,

참된 안식의 유일한 길임을 믿나이다.

주현절 후 둘째 주일을 맞아

독생자 예수 그리스도를 통해 구원의 신비를 허락하시고

그 구원의 약속을 믿게 하신 하나님께

우리가 예배드릴 수 있게 하시니 감사드리나이다.

오직 성령이 지배하는 예배가 되게 하소서.

이 세상에 생명과 구원의 참된 빛으로 오신

예수 그리스도의 이름으로 기도하나이다.

아멘!

주현절 후 셋째 주일

인자하심과 자비로우심이 영원하신 하나님,

주현절 후 셋째 주일을 맞아

믿음의 형제와 자매들이 예배드리기 위해

다른 일손을 멈추고 지금 여기 모였나이다.

우리의 찬양을 받으시고,

우리의 기도에 귀 기울여 주소서.

오직 진리의 영으로 예배를 주관해 주시고,

악한 영이 틈타지 않게 하소서.

당신은 우리의 모든 인식과 경험을 뛰어넘는 방식으로

인자와 자비를 베푸시는 분이시나이다.

때로는 폭풍처럼, 때로는 잔잔한 바람처럼,

때로는 화산처럼, 때로는 봄 햇살처럼 찾아오시고,

어느 때는 예고하시며,

때로는 예고도 없이 우리를 찾아오시어

고단한 세상에서 살아갈 수 있는 능력을 허락하셨나이다.

감사와 찬양을 드리오니,

주님 홀로 받아 주소서.

이 세상에 생명과 구원의 참된 빛으로 오신

예수 그리스도의 이름으로 기도하나이다.

아멘!

주현절 후 넷째 주일

세상 모든 이들의 찬송을 받으시기에 합당하신 하나님,
지금 우리 믿음의 형제와 자매들이 한자리에 모여
한편으로는 두렵고 떨리는 마음으로,
다른 한편으로는 기쁨과 평화의 마음으로 예배를 드리오니
주님 홀로 영광 받아 주소서.
하나님이 행하신 놀라운 일들이
이 세상 곳곳에 가득하나이다.
우주를 창조하셨을 뿐만 아니라
지금도 우리가 생각할 수 없는 방법으로
이 세상을 다스리고 계시나이다.
아득한 우주 끝만이 아니라
바로 우리 코앞에서 일어나는 모든 생명 사건들이
하나님의 크고 놀라운 권능을 밝히 드러내나이다.
높이 계시면서 동시에 낮은 데서
우리와 함께하시는 하나님,
당신의 이 놀라운 창조와 구원 섭리에
우리의 영혼이 온전히 사로잡히기 원하나이다.
이 세상에 생명과 구원의 참된 빛으로 오셨으며,
부활 생명이 완성되는 순간에 다시 오실
우리 주 예수 그리스도의 이름으로 기도하나이다.
아멘!

주현절 후 다섯째 주일

이스라엘을 애굽에서 이끌어 내신 하나님,
당신은 우리를 죄와 죽음으로부터 이끌어 내셨나이다.
여호와 하나님만이 자유와 해방의 원천이시며,
궁극적인 생명의 주인이심을 믿나이다.
예수 그리스도의 십자가가 아니었던들
우리가 어찌 죄의 용서를 기대할 수 있었겠으며,
죽은 자로부터의 부활이 아니었던들
우리가 어찌 참된 생명을 희망할 수 있었겠나이까.
하나님의 아들, 예수 그리스도를 통해
우리에게 구원과 생명을 선물로 주신 하나님께
영혼의 깊이에서 찬송과 영광을 돌리나이다.
이제 우리가 감당해야 할 삶의 몫은
하나님이 선물로 주신 자유와 해방, 구원과 생명을
바람처럼 흔적도 없이 사라지며
풀과 꽃처럼 순식간에 먼지로 변하는 우리의 실존에서
현실로 담아내고 이를 위해 서로 연대하는 일이나이다.
이것이 바로 임박한 하나님 나라를 향해 돌아서라는
예수 그리스도의 호소이자 명령임을 믿나이다.
세상의 빛으로 오셨으나 세상이 알아보지 못한,
우리에게 생명을 주시려 자신의 생명을 버리신
예수 그리스도의 이름으로 기도드리나이다.
아멘!

주현절 후 여섯째 주일

세상을 창조하시고 우리를 지으신 하나님,
하나님의 능력과 사랑이 얼마나 크고 놀라운지
우리의 생각과 말이 이를 다 감당할 수 없나이다.
저 멀리 우주 끝에서부터
이 가까이 우리 눈앞에 이르기까지
모든 것들이 하나님의 능력과 사랑을 나타내고 있나이다.
어제와 오늘도 우리에게 먹을 것과 마실 것을 주셨고,
생명의 숨을 쉬게 하셨으며,
이 세상에 존재하는 것들을 보거나 듣고,
또는 피부로 느끼게 하셨나이다.
이 세상에 드러나 있는 생명체와 사물들이
왜 이리 다양하고 신비로운지
당신의 창조 능력을 우리가 무슨 말로 다 표현할 수 있겠나이까.
그러나 세상이 아무리 신비롭다 하더라도
예수 그리스도를 통해 당신이 행하신 구원 사건에
어찌 비길 수 있겠나이까.
우리에게 생명과 빛을 주시기 위해
당신의 외아들을 보내신 사랑보다 더 큰 사랑을
우리가 어디서 찾을 수 있겠나이까.
우리 주 예수 그리스도의 이름으로 기도하나이다.
아멘!

주현절 후 일곱째 주일

우리를 눈동자처럼 지키시는 여호와 하나님,

이 시간 믿음의 식구들이 함께 모여

온 정성을 다 바쳐 예배를 드리나이다.

이 자리에 악한 영이 틈타지 말게 하시고

오직 성령이 이끄는 예배가 되게 하소서.

우리가 살고 있는 이 세상이

때로는 거칠고, 때로는 무기력하며,

때로는 영악하고, 때로는 무지하나이다.

하나님의 영광을 온전히 드러내야 할 이 세상이

오히려 그것을 감추거나 파괴할 때도 많나이다.

사람들이 인식하든지 또는 인식하지 못하든지

이 세상은 하나님의 것이며,

하나님에 의해 구원받아야 할 피조물임을 아나이다.

하나님을 믿고 따르는 우리 그리스도인들이

이 세상에서 어떻게 사는 것이

하나님의 영광을 드러내는 바른 삶인지

매 순간 분별하며 세워 나가기 원하나이다.

세상을 살리는 빛으로 오셨으며,

생명을 완성하기 위해 다시 오실,

우리의 유일한 희망이며 미래이신

예수 그리스도의 이름으로 기도드리나이다.

아멘!

주현절 후 여덟째 주일

세상을 창조하고 사랑으로 통치하시는 하나님,
우리 마음을 하나로 모아 예배드리나이다.
하나님이 행하신 모든 일은
사람이 이해하기 어려운 경우라 하더라도
완전히 선하고 완전히 의롭다는 사실을 믿나이다.
하나님이 원하지 않으시는 일들이
우리가 살아가는 이 현실에서 흔하게 일어나지만
그것마저 하나님께서 선하게 이끄실 줄로 믿나이다.
하나님이 이런 일을 어떻게 이루어 가시는지에 대해
어느 한순간에도 흔들림 없이 직시하고
그때를 기다릴 줄 아는 자들이 되기 원하오니
저희를 온전히 당신 품에 지켜 주옵소서.
세상의 온갖 소리와 주장들이
우리의 영혼을 미혹하고 있으나
하나님이 우리의 참된 피난처이시오니
우리가 무엇을 두려워하겠나이까.
오직 하나님과 하나님이 행하신 일,
그리고 앞으로 행하실 일을 찬양할 뿐이나이다.
세상에 참된 생명과 빛으로 오신
우리 주 예수 그리스도의 이름으로 기도하나이다.
아멘!

주현절 마지막 주일, 산상변모 주일

우리의 생명이신 하나님.

여기저기 흩어졌던 믿음의 가족들이 지금 한자리에 모여

당신의 크고 놀라운 사랑과 영광을 찬송하나이다.

우리의 생각으로 다 담을 수 없는 하나님의 사랑이

맑은 날 햇살처럼 우리의 삶을 채우고 있나이다.

신비한 방식으로 생명을 이끄시는 하나님의 영광이

지금 우리가 살고 있는 지구와

그 너머의 우주 전체에 가득하나이다.

박테리아처럼 작은 생명체로부터 사람에 이르기까지

민들레 같은 식물로부터 노루 같은 동물에 이르기까지,

살아 있는 것만이 아니라 그렇지 않은 것까지

지금 이 세상에 존재하는,

이전에 존재했거나 앞으로 존재할 모든 것이

바로 하나님의 사랑이며 영광임을 믿나이다.

우리에게 바른 이성과 건강한 영성을 허락하시어

모든 생명의 근거이며 중심이신 하나님을

보다 깊이 이해하고 신뢰하고 희망하게 하소서.

이 세상에 생명의 빛으로 오셨으며,

앞으로 영생을 완성하기 위해 다시 오실

예수 그리스도의 이름으로 기도하나이다.

아멘!

사순절 첫째 주일

온 세상의 참된 주인이시며
이 세상을 구원하실 여호와 하나님,
우리의 기도와 찬양을 받아 주소서.
하나님께서는 예수 그리스도를 세상에 보내시어
사람이 감당해야 할 모든 고난을 당하게 하셨나이다.
하나님의 권능을 그대로 간직한 분이지만
사람의 무능력을 똑같이 감수하게 하셨나이다.
그 사랑, 그 은혜, 그 섭리를 우리가 다 헤아릴 수 없사오나
성령의 선물인 믿음으로 받아들이나이다.
예수 그리스도의 고난을 통해
우리 죄가 온전히 씻김을 얻었고,
현실의 고난을 극복한 힘을 얻었으니
우리가 어찌 감사 찬양을 부르지 않을 수 있겠나이까.
이제 세상의 고난을 두려워하지 않겠나이다.
고난당하는 이들을 거부하지 않으며
주님의 능력 안에서 고난과 맞서 싸우겠나이다.
이제 사순절이 시작되었으니
우리로 주님의 고난에 동참하게 하소서.
태초에 로고스로 존재하셨고,
창조의 근원이셨으며, 우리의 구세주이신
예수 그리스도의 이름으로 기도하나이다.
아멘!

사순절 둘째 주일

우리의 생명을 주관하시는 하나님,

당신께서 행하신 모든 일은

선하고 참되고 영원하다는 사실을 믿나이다.

지금 우리 눈에 이해되지 않는 그 어떤 것들도

그 사실에 위배되지 않음을 믿나이다.

미시계로부터 거시계에 이르는, 한순간으로부터 영원에 이르는,

그리고 창조로부터 종말에 이르는

우주 전체를 통해서만 인식과 설득이 가능한 세상 현상을

우리가 무슨 수로 다 해명할 수 있으며,

무슨 수로 증명해 낼 수 있겠나이까.

창조주이신 당신께 간절히 간구하오니

우리로 이 세상의 단순한 논리를 뛰어넘어

하나님의 행위에 대한 참된 신뢰를 놓치지 않게 하소서.

우리 주변에서 끊임없이 일어나고 있는 불행과

무죄한 이들의 고난 앞에서

절망하지 않을 수 있는 유일한 길은

선하시고 인자하신 하나님을 향한 신뢰뿐이나이다.

사순절의 영적인 의미가 말로 그치지 말고

우리 삶에 그대로 나타나기를 원하나이다.

예수 그리스도의 이름으로 기도드리나이다.

아멘!

사순절 셋째 주일

온 세상의 주인이신 하나님,

우리의 기도와 찬양을 받아 주소서.

당신 외에 우리가 기도를 바칠 이가 어디 있으며,

당신 외에 우리가 찬양을 드릴 이가 어디 있겠나이까.

세상으로 보냄을 받고 나그네와 손님으로 살다가

종말에 완성될 생명의 원천으로 돌아가야 할 인생이오니

우리가 창조주이신 하나님만 의지하는 것은 마땅하나이다.

지금 모든 일상을 멈추고,

온갖 걱정과 즐거움을 내려놓고,

가깝고 먼 사람과의 관계마저 일절 잊어버리고

생명의 주인이신 하나님만을 향해

우리의 온 영혼을 집중하오니 받아 주소서.

성령으로 우리의 영혼을 채워 주소서.

주님의 고난을 기억하는 사순절 셋째 주일.

주님의 고난이 참된 구원의 길이라는 사실을 믿는 무리가

그 구원을 간절히 사모하는 심정으로 여기 모였사오니

삼위일체 하나님이여,

여기 이 자리에 임재하소서.

하늘의 영광을 버리고 세상의 낮은 자리에 오시어

십자가의 고난을 마다하지 않으셨으며,

부활생명으로 인류의 미래를 지켜 주신

예수 그리스도의 이름으로 기도드리나이다.

아멘!

사순절 넷째 주일

온 세상을 말씀으로 창조하시고
지금도 온 세상을 사랑으로 통치하시는 하나님,
믿음의 형제와 자매들이 이렇게 한자리에 모여
찬송과 기도로 여호와 하나님을 예배드리나이다.
우리에게 베푸신 하나님의 은총은
그 무엇으로도 다 표현할 수 없으며,
그 무엇으로도 다 갚을 수 없나이다.
이 땅에서 살아가는 모든 삶의 조건들이
우리 눈에 좋아 보이든지 않든지 상관없이
하나님의 무한한 사랑임을 진심으로 믿나이다.
지금 여기서 우리가 경험하는 햇살과 공기,
온갖 먹을거리와 마실 것,
우리의 이웃으로 더불어 살아가는 모든 동물들,
생명 메커니즘의 원천인 모든 식물들까지
모든 것이 하나님의 놀라운 사랑의 행위이나이다.
우리가 미처 의식하지 못하는 중에도,
공연한 것에 한눈을 팔고 있는 중에도
그 하나님의 사랑이 매 순간 우리와 함께했으니
어찌 기쁨의 노래와 감사의 기도를 드리지 않을 수 있겠나이까.
우리를 구원하시려 하늘의 영광을 버리고 이 땅에 내려오신
예수 그리스도의 이름으로 기도드리나이다.
아멘!

사순절 다섯째 주일

외아들을 세상에 보내시어
사람이 당해야 할 모든 실존적 고난을 당하게 하시고
마침내 십자가의 죽음에 이르게 하심으로
인류 구원의 단초를 시작하신 여호와 하나님,
그 놀라운 구원의 신비를 신앙의 토대로 삼는 사람들이
지금 한자리에 모여 당신께 예배를 드리나이다.
사람들에게는 버림 받았으나
하나님께는 택함을 받은 예수 그리스도의 운명이
우리를 죄로부터 건져서 의에 이르게 하고,
죽음에서 벗어나 생명에 이르게 하는 유일한 길이라는 사실을
우리의 삶 전체로 받아들이고 온전히 믿나이다.
세포가 분열하고 성장하다가 죽어가듯이
우리의 몸도 똑같이 세상에 태어나서 살다가 죽지만
사람의 고난을 그대로 짊어지셨던 예수 그리스도를 통해
궁극적인 생명의 세계에 참여하게 됨을 믿나이다.
그 믿음이 아니라면 우리가 어떻게 이 허무한 세상을 견뎌 내며
악을 대항하여 선한 싸움을 싸울 수 있겠나이까.
하늘의 영광을 버리고 세상의 낮은 자리에 오시어
십자가와 부활로 인류의 미래를 담보해 주신,
그리고 생명의 완성을 위해 다시 세상에 오실
예수 그리스도의 이름으로 기도드리나이다.
아멘!

사순절 여섯째 주일

이 세상을 창조하신 하나님,

오직 당신께 영광을 돌리오니 우리의 예배를 받으소서.

창조주이신 하나님만이

사람과 그 외의 동식물과 지구와 우주 전체를

고유한 능력으로 완성하고 구원하실 분이심을 믿나이다.

당신은 외아들을 이 세상에 보내시어

우리와 똑같은 실존을 짊어지게 하셨고,

무죄한 이들이 당하는 고난의 자리에 앉게 하시어

사람들로 하여금 극한의 시련과 절망과 허무 가운데서도

구원을 희망할 수 있게 하셨나이다.

하나님의 아들이, 메시아가, 바로 하나님 자신이

십자가에 달리셨다는 사실보다 더 충격적인 일은

인류 역사와 우주 역사에 없었나이다.

바로 그것이 우리의 구원이라는 사실보다

더 놀랍고 신비로운 일도 없나이다.

그 사실을 우리가 들어 알게 하시고 믿게 하셨으며,

그 사실에 우리의 운명을 걸게 하셨으니

우리가 어찌 입을 열어 기쁨으로 찬송드리고,

중심으로 기도드리지 않을 수 있겠나이까.

하늘의 영광을 버리고 이 땅의 낮은 자리에 오셨던,

그리고 생명의 심판을 위해 다시 우리에게 오실

예수 그리스도의 이름으로 기도드리나이다.

아멘!

부활 주일

창조와 부활의 능력이신 여호와 하나님,

당신만이 우리를 죄와 죽음으로부터

의와 생명의 세계로 불러내시어

당신의 영광에 참여하게 하실 분이시나이다.

하나님이 예수 그리스도를 죽은 자로부터 불러 일으키시어

허무와 탐닉, 또는 무미건조한 삶의 반복에 빠져 있던 우리로 하여금

참되고 영원한 생명을 희망할 수 있게 하셨으니,

우리가 찬양을 드리지 않을 수 없나이다.

그럴듯한 말과 생각과 보상심리로 우리를 자극하는,

그래서 우리의 영혼을 사로잡는 이 세상의 모든 것들은

임시방편이며, 제한적이고, 근본적으로 무능력하나이다.

그런 것에 우리의 영적인 삶을 소진하지 않게 하시고,

하나님이 행하시는 크고 놀랍고 새로운 것에

우리의 영혼을 집중하게 인도하소서.

오늘 부활절을 맞아 주님께 예배드리며

예수 그리스도의 부활을 통해

우리가 종말에 얻게 될 신비로운 부활 생명을 기다리나이다.

그 부활 생명을 기다릴 뿐만 아니라

지금 여기서 일상의 삶으로 살아가기 원하오니

우리를 붙들어 주옵소서.

죽음의 권세를 굴복시키시고 부활의 주가 되신

예수 그리스도의 이름으로 기도드리나이다.

아멘!

부활절 둘째 주일

홀로 의로우신 여호와 하나님,
이 세상에 당신의 의가 태양 빛처럼 드러났나이다.
사람의 삶에도, 자연의 삶에도, 우주의 영역에도
번개가 어둠을 뚫고 세상을 밝히듯이
하나님의 의가 환하게 빛을 내고 있나이다.
어둠과 불의가 득세하는 듯이 보이는 세상이지만,
그 불의까지 하나님의 의에 지배당하고 있나이다.
예수 그리스도의 부활을 통해서
하나님의 의가 인류 역사에 확실한 현실로 닥쳤나이다.
죄와 죽음에 완전히 노출된 생명으로부터
영원한 생명으로 변화되는 부활보다
더 확실한 의가 어디 있겠나이까.
영원한 생명으로 의로우심을 증거하신 하나님,
우리로 부활 신앙에 단단한 삶의 뿌리를 내려
세상의 작은 일에 소란스러워하지 말고
하나님의 고유한 구원 통치에 사로잡히게 하소서.
우리의 간절한 마음을 모아
온전히 의로운 하나님께 예배드리오니,
이 예배를 받아 주소서.
참된 생명과 진리와 의의 토대이신
예수 그리스도의 이름으로 기도드리나이다.
아멘!

부활절 셋째 주일

부활의 능력으로 세상을 통치하시는 하나님,
당신만이 홀로 영광 받으시기에 합당하시나이다.
이 세상에서 모두 부러워할 만한 능력과 매력을 풍기고
구원을 줄 수 있을 것처럼 허세를 부린다 하더라도
하나님 외의 모든 것과 모든 사람들은
피조물의 탄식이라는 운명에서 벗어날 수 없나이다.
잠시 세상에 머물다가 사라질 뿐인 것들을 향해
우리가 어찌 영광을 돌릴 수 있겠나이까.
종말 생명의 신비로 우리를 찾아오시는 주님,
파수꾼이 아침을 기다리는 것보다 더 간절한 심정으로
우리 영혼은 당신을 기다리나이다(시 133:6).
오직 당신만이 우리 영혼의 피난처이며,
세상이 제공하지 못하는 참된 기쁨의 원천이나이다.
하나님을 통해서만 영원한 안식을 경험할 수 있으니
우리가 어찌 당신께 온 영혼을 기울이지 않을 수 있겠나이까.
지금 모든 일상을 잠시 멈추고
당신께 예배드리기 위해 함께 모였나이다.
이 자리에 삼위일체 하나님이 임재하신 줄로 믿습니다.
죽음의 권세를 굴복시키시고 부활의 주가 되신,
우리에게 영원한 생명을 주기 위해 속히 다시 오실
예수 그리스도의 이름으로 기도드리나이다.
아멘!

부활절 넷째 주일

우리의 생각을 뛰어넘는 방식으로

이 세상을 통치하시는 하나님,

오늘 우리는 모든 일상을 멈추고

하나님 아버지께 영광 돌리기 위해 모였나이다.

지금 이 순간만이 아니라 전체 인생의 매 순간에서,

지금 이 자리만이 아니라 우리 삶의 모든 영역에서

하나님의 영광을 드러내야 한다는 사실을 잊지 않게 하소서.

이것이 피조물인 우리의 마땅한 도리이며,

여기서만 생명의 빛을 얻을 수 있나이다.

사랑의 하나님, 간절히 비오니

우리의 삶이 늘 예배의 영성으로 가득하고,

종말에 하나님이 이루실 생명을 향한 희망으로 가득하게 하소서.

봄에 돋아났다가 가을에 떨어지는 나뭇잎처럼

한 찰나에 지배당하는 우리의 삶에

하나님의 아들인 예수 그리스도를 통해서

영원한 생명의 빛을 비춰 주신 하나님이

지금 우리와 함께하시오니

우리가 어찌 절망하거나 교만할 수 있겠나이까.

오직 감사와 기쁨과 순종만이 있을 뿐이나이다.

죄로 인한 죽음의 권세를 굴복시키시고 부활의 주가 되신

예수 그리스도의 이름으로 기도드리나이다.

아멘!

부활절 다섯째 주일

세상을 창조하고 다스리시며,

마지막 때 고유한 방식으로 완성하실 하나님 아버지,

기쁨과 평화로 우리가 드리는 이 예배를 받아 주소서.

예배를 드리는 이 순간만이 아니라

우리의 전체 삶이 바로 하나님을 향한 예배이나이다.

먹고 마시고, 냄새 맡고 느끼면서 살아가는 모든 삶이,

숨을 들이마시고 내쉬는 우리의 모든 육체에 관련된 삶까지,

당신께 온전히 바쳐져야 할 살아 있는 예배이나이다.

하나님께서 저희에게 베푸신 사랑이 얼마나 큰지,

얼마나 세밀하고 얼마나 풍요로운지

무슨 말로 다 설명할 수 있겠나이까.

우리의 영혼이 궁핍해서 깨닫지 못할 뿐이지

생명을 주시는 하나님의 행위는 우리에게 차고 넘치나이다.

보잘것없거나 불행해 보이는 사람에게도

대단하거나 행복해 보이는 사람이

예상하지도 못하고 깨달을 수 없는 삶의 신비로운 충만감을

하나님이 이미 선물로 주셨나이다.

하나님만이 그 일을 할 수 있는 분이시오니

우리가 어찌 당신을 찬양하지 않을 수 있겠나이까.

죽은 자로부터의 부활로 생명의 주인이 되신

예수 그리스도의 이름으로 기도드리나이다.

아멘!

부활절 여섯째 주일

모든 생명의 근원이신 하나님 아버지,

부활의 희망을 가슴에 안고 살아가는 믿음의 식구들이

이 세상의 모든 일상을 잠시 접어 둔 채

온전히 당신께 영광 돌리기 위해 여기 모였나이다.

우리가 부딪치며 살아가는 이 세상살이가

아무리 척박하고 허무하며,

때로는 힘에 넘쳐서 감당하기 힘들다 하더라도

하나님을 주님으로 믿는 사람들은

기쁨과 평화와 승리를 노래하지 않을 수 없나이다.

모든 악과 허무와 죽음이

이미 예수 그리스도를 통해 굴복되었다는 사실을

영혼 깊은 곳에서 기억하고 있기 때문이나이다.

지금 우리에게 필요한 것은

영적으로 예민하게 생각하며 살아가는 것이오니

성령이여, 저희와 함께해 주소서.

지금 예배에 참여한 모든 이들이

어느 한 사람도 영적으로 소외되지 않게 하시고

예수 그리스도 안에서 하나 되게 인도하소서.

죽은 자들로부터 다시 살아나시어 부활의 주가 되신,

마지막 때 생명의 심판을 위해 다시 오실

예수 그리스도의 이름으로 기도드리나이다.

아멘!

부활절 일곱째 주일

이 세상 모든 것의 주인이신 하나님.

지금 우리 믿음의 형제와 자매들이

찬송과 기도와 말씀을 통해 당신을 예배하오니

우리의 예배를 받아 주소서.

인간의 자기열망과 푸념에 떨어지는 예배가 아니라

오직 하나님께만 영광이 돌아가는 예배가 되기 원하나이다.

하나님께 예배하는 것 외에

우리가 행해야 할 더 중요한 일이 어디 있겠나이까.

구원의 능력이 있는 것처럼 보이는 이 세상의 그 어떤 것도

하나님 앞에서는 초라할 뿐이나이다.

죄와 죽음을 넘어서 참된 생명을 주실 분은

놀라운 방식으로 세상을 창조하셨으며,

우리가 예상하지 못하는 방식으로 세상을 완성하실,

예수 그리스도를 죽은 자 가운데서 살리신 하나님뿐이나이다.

우리가 믿는 그 하나님 안에서는

지금 여기 이 세상에 있는 모든 무상한 삶도

영원하고 참된 생명으로 변화되나이다.

이 예배에 참여한 우리 중에 어느 한 사람도

영적으로 소외되지 않게 하옵소서.

참된 생명과 진리와 의의 토대이시며,

마지막에 세상을 생명으로 심판하기 위해 다시 오실

예수 그리스도의 이름으로 기도드리나이다.

아멘!

성령강림절

생명과 진리의 영이신 하나님,
우리를 죽음으로부터 생명으로 옮겨 놓을 수 있는 분은
예수 그리스도를 죽은 자들로부터 다시 살리셨으며,
창조와 종말과 진리와 생명의 영으로서
매 순간 우리와 함께하시는 성령 하나님이심을 믿나이다.
성령은 세상이 창조되던 태초에 활동하셨으며,
세상이 완성될 마지막에도 활동하실 것이며,
오늘도 우리로 옳고 그름을 판단하게 하시며,
이 세상의 모든 생명 현상을 가능하게 하는 영이나이다.
개인과 공동체가 하나님의 뜻을 따르려면
성령께 온전히 지배당해야 하오니
지금 예배드리는 우리 모두의 영혼을
성령으로 충만하게 채워 주옵소서.
우리의 분별력과 판단력도 성령 안에서만
바르게 작동될 수 있사오니
성령으로 우리의 이성을 이끌어 주소서.
거짓과 파괴와 교만이 기승을 부리는 이 세상이 변하여
오직 성령께 순종하는 세상이 되기 원하나이다.
한국의 모든 그리스도교회가 성령 공동체로서,
성령의 피조물로서 역할을 잘 감당하도록 인도해 주소서.
"성령을 받으라" 명령하신
예수 그리스도의 이름으로 기도드리나이다.
아멘!

성령강림절 후 첫째 주일, 삼위일체 주일

삼위일체의 하나님,

오늘 우리 모두 영혼을 집중하여

하나님 당신께 예배드리오니

하나님 홀로 영광 받아 주소서.

이 세상을 창조하고 완성하실 분은 아버지 하나님이시며,

십자가와 부활로 구원의 길을 열어 주신 분은 아들 하나님이시며,

생명의 영으로 우리를 인도하시는 분은 성령 하나님이시나이다.

아버지 하나님이 아니라면

우리가 어찌 세상에 태어나 살아갈 수 있었으며,

아들 하나님이 아니라면 우리가 어찌 구원에 참여할 수 있었으며,

성령 하나님이 아니라면

우리가 어찌 생명의 기쁨을 누릴 수 있었겠나이까.

삼위일체의 신비로 세상을 통치하시는 하나님으로 인해

허무한 세상에서도 영생의 희망을 노래할 수 있게 되었으니

지금 어찌 감사와 찬송을 올리지 않을 수 있겠나이까.

삼위일체의 하나님을 믿는 우리가

그 믿음에 합당한 태도로 살기 원하오니

삼위일체 하나님의 뜻을 헤아리고

그 뜻에 순종할 수 있는 지혜와 용기를 허락해 주소서.

예수 그리스도의 이름으로 기도드리나이다.

아멘!

성령강림절 후 둘째 주일

은혜가 충만하신 하나님,

우리 모두 기도와 찬송과 말씀을 통해서

당신께 예배드리오니 하나님 홀로 영광 받아 주소서.

하나님의 행하신 일은 너무 크고 너무 놀라워서

우리의 짧은 생각으로 이해할 수 없을 때가 허다하나이다.

창조주이신 하나님,

당신은 하늘을 만드시고 땅을 만드셨나이다.

하늘의 별과 땅의 수목과 동물과 곤충과 미생물,

우리가 아직 다 파악하지 못한 온갖 생명들,

이미 세상에 생존하다가 사라진 것들,

앞으로 지구에 나타날 모든 것의 주인은 하나님이시나이다.

하나님은 생명의 영으로 온 세상에 충만하게 하시고

그 영에 의지해서 모든 것들이 어울려서 살아가게 하셨나이다.

지금 우리 눈에 보이는 혼란과 모순도

하나님 안에서 조화롭다는 사실을 믿나이다.

이제 우리의 삶에서 가장 소중한 일은

하나님을 영혼 깊은 곳에서 찬송하는 것이나이다.

매일의 삶이 살아 있는 예배가 되기 원하며

나날이 하나님께 가까이 가기 원하오니

성령의 크신 능력으로 우리를 사로잡아 주소서.

예수 그리스도의 이름으로 기도드리나이다.

아멘!

성령강림절 후 셋째 주일

우리의 삶과 운명을 주관하시는 하나님,

감사와 찬송을 드리나이다.

하나님의 영광이 온 세상에 가득하며,

하나님의 선하심과 자비로우심이 온 세상에 차고 넘치나이다.

우리가 잠을 자거나 망상에 떨어져 있을 때도

하나님은 생명 활동을 그치지 않으셨으며,

우리가 이기적인 생각으로 서로 상처를 주는 가운데서도

하나님은 모든 이들의 상처를 고유한 방식으로 치료하셨나이다.

지금 우리에게 필요한 것은

성령의 도움으로 영적인 시각을 넓혀

하나님이 행하신 일을 깨닫고 찬양하는 것이나이다.

참된 생명의 하나님,

당신은 땅에 생명을 주는 햇살이며,

모든 짐승으로 호흡하게 하는 숨이며,

지구의 생명 현상을 가능하게 하는 바람이나이다.

모든 생명체의 세포 속에도,

멀고 먼 우주 끝의 한 공간에도

당신은 우리의 생각을 뛰어넘는 방식으로 존재하시며,

통치하시며, 사랑하시며, 운행하시나이다.

그 하나님을 우리 어찌 찬양하지 않을 수 있겠나이까.

우리의 예배를 받아 주소서.

예수 그리스도의 이름으로 기도드리나이다.

아멘!

성령강림절 후 넷째 주일

은혜와 사랑이 충만하신 하나님,
우리의 현재와 미래를 오직 하나님께 맡기나이다.
지금 우리가 소유하고 있는 것들과
앞으로 소유하게 될 것들,
그리고 행복하게 해줄 것 같이 보이는 것들과
사람들이 맹목적으로 추구하는 모든 것들이
하나님 밖에서는 허무에 떨어질 뿐임을 알고
우리의 미래를 오직 당신께만 맡기나이다.
하나님은 어제도 계셨고,
오늘도 계시며, 내일도 계시고,
영원무궁하게 존재하시는 분으로서
우리 생명의 근원이며 미래임을 믿나이다.
당신은 태초에 혼돈 가운데서 모든 사물과 생명을 창조하셨고,
지금도 신비한 방식으로 모든 세계를 주관하실 뿐만 아니라
종말에 모든 생명을 완성하실 분이시나이다.
지금 우리가 무상하고 잠정적인 방식으로 살아가지만
영원한 생명의 주인이신 하나님의 통치 안에 놓여 있으며,
우리를 위해 십자가를 지신 예수 그리스도의 사랑을 받고 있으며,
우리보다 우리를 더 잘 아시는 성령의 위로를 받고 있나이다.
매일의 삶이 살아 있는 예배가 되기 원하오니
우리를 당신의 강한 팔로 붙들어 주소서.
예수 그리스도의 이름으로 기도드리나이다.
아멘!

성령강림절 후 다섯째 주일

고유한 말씀으로 세상을 창조하시고,

놀라운 권능으로 세상을 통치하시며,

우리가 예측하지 못할 신비로운 방식으로

이 세상을 완성하실 여호와 하나님 아버지,

우리 모두 마음을 하나로 모아 예배드리나이다.

하나님만이 예배를 받으실 분이시며,

영적인 찬양을 받으시고,

우리의 기도를 들어주실 분이시나이다.

창조주가 아닌 분이라면 예배할 수 없으며,

영광스러운 분이 아니라면 찬양을 드릴 수 없고,

권능을 행사하는 분이 아니라면 기도를 바칠 수 없나이다.

특히 우리가 감사와 영광과 찬양을 돌리는 이유는

독생자 예수 그리스도를 우리에게 보내시어

그 이전까지 멀고 막막했던 하나님을

이제 구체적으로 알고 믿게 되었으며,

역사에서 일어난 십자가와 부활 사건을 통해

우리에게 구원의 길을 여신 것이나이다.

이런 사실을 알고 거기에 운명을 걸고 사는 우리가

어찌 감사의 찬양을 부르지 않을 수 있겠나이까.

자비로우신 주여, 간절히 바라오니

우리의 예배를 받아 주소서.

예수 그리스도의 이름으로 기도드리나이다.

아멘!

성령강림절 후 여섯째 주일

영으로 존재하시는 하나님,
지금 우리는 영과 진리로 예배드리기 위해 모였나이다.
사람들이 예측하거나 생산해 낼 수 있는 대상이 아니라
종말의 능력으로 늘 놀라운 일을 행하시는 하나님만이
우리가 온전히 경배하고 찬양할 분이시나이다.
생각이 둔하고 마음이 세상적인 것에 길들여진 탓에
영적인 것이 무엇인지 미처 생각하지 못하거나
오히려 영적인 것을 거부할 때가 많은 우리를
늘 거룩한 영으로 인도해 주시는 하나님의 은혜가 크오니
우리가 어찌 당신께 영광의 찬양을 돌리지 않을 수 있겠나이까.
예배를 드리는 이 시간만이 아니라 우리의 삶 전체가
영적으로 하나님과 일치되기를 원하나이다.
우리의 말과 겉모습만이 아니라
생각과 행동과 실존 전체가,
그리고 죽음과 그 이후에 이르는 우리의 운명 전체가
하나님의 영과 진리에 지배당하기를 간절히 원하나이다.
하늘의 자리를 버리고 이 땅에 오시어
인간 구원을 위하여 십자가에 달리셨다가
죽은 자 가운데서 삼 일 만에 부활하셨고,
마지막 때 생명의 심판주로 우리에게 다시 오실
예수 그리스도의 이름으로 기도드리나이다.
아멘!

성령강림절 후 일곱째 주일

이 세상의 모든 것을
말씀의 능력으로 창조하시고
생명의 능력으로 이끌어 가시는 하나님 아버지.
부활 생명을 기다리는 믿음의 형제와 자매들이
신령과 진리로 예배드리기 위해 이 자리에 모였나이다.
우리의 삶에서 하나님을 예배하는 것보다 더 소중한 일은
착각하지 않고 있는 한 그 어디에도 없나이다.
세상에서 감당해야 할 모든 일들은
오직 하나님 안에서만 의미가 있으며,
하나님을 향해서만 이끌림을 받기 때문이나이다.
이 땅에서 숨을 붙이고 살아갈 수 있는 모든 근거들이
하나님으로부터 왔으며,
하나님에 의해서만 유지되기 때문이나이다.
우리가 의식하지 못하고 있는 순간에도
성령의 빛을 통해 우리의 내면을 환하게 비추시어
구원의 기쁨과 희망을 붙들게 하시는 분은
오직 하나님뿐이기 때문이나이다.
바로 그 하나님이 사람을 비롯한 만물의 구원을 위하여
당신의 아들 예수 그리스도를 보내셨으니
우리가 어찌 하나님께 영광을 돌리지 않을 수 있겠나이까.
이제와 영원토록 성부와 성령과 함께 한 하나님으로 살아 계시고,
속히 우리에게 다시 오시어 영원한 생명을 선물로 주실
예수 그리스도의 이름으로 기도드리나이다.
아멘!

성령강림절 후 여덟째 주일

온 세계를 권능으로 통치하시며
종말의 능력으로 완성하실 여호와 하나님,
당신만이 우리 삶의 근거이고 목표이며,
우리가 전력으로 기다려야 할 궁극적인 미래이나이다.
지금 우리가 경험하는 이 세상의 모든 것들은
아무리 그럴듯한 모양과 내용을 보인다 하더라도
바람처럼 순식간에 지나가는 것들이나이다.
세상을 살리지도 못하면서 살릴 것처럼,
책임지지도 못하면서 책임질 것처럼 큰소리를 치는 것들이나이다.
이와 전혀 달리 알파와 오메가로 존재하시는 하나님은
변함을 통해서 영원히 변하지 않는 분이시고,
약함을 통해서 참된 능력을 보이는 분이시며,
죽음을 통해서 영원한 생명을 주시는 분이시나이다.
이 허망한 세상에서도 우리가 삶의 용기를 잃지 않으며,
더 나아가서 기쁨과 자유를 노래할 수 있는 이유는
생명의 주인이신 하나님이 지금 우리와 함께하실 뿐만 아니라
심판을 통해서 창조가 완성될 바로 그 순간에서
우리를 기다리고 계시다는 사실 때문이나이다.
이 사실을 우리 모두 마음 깊이 알고 있는데,
그것이 화염처럼 우리의 영혼을 감싸고 있는데,
우리가 어찌 하나님을 예배하지 않을 수 있겠나이까.
예수 그리스도의 이름으로 기도드리나이다.
아멘!

성령강림절 후 아홉째 주일

아브라함의 하나님이요,

이삭의 하나님이며, 야곱의 하나님이시고,

예수님이 아빠 아버지라 부르신 하나님,

하나님을 유일한 창조주로 믿는 우리 믿음의 식구들이

모든 일상을 멈추고 예배드리기 위해 모였나이다.

지금 이 순간 예배의 형식에 떨어지지 않고

예배의 영성에 깊이 들어가기 원하나이다.

오늘의 이 예배는 마지못한 종교적 의무가 아니라

영혼의 해방을 경험하고 종말의 생명을 기대하는 이들이

마땅히 행복한 마음으로 참여해야 할 영적인 축제이나이다.

하나님만이 우리의 현재와 미래를 책임지실 분이시며

만물을 완성하실 능력이시기에

당신만이 예배를 받으실 만한 분이심을 믿나이다.

우리의 삶을 끊임없이 흔들고 있는

고독과 허무와 늙음과 죽음에 대한 두려움 가운데서도

하나님을 이렇게 기쁨으로 찬양할 수 있는 이유는

예수 그리스도를 통해 이루신 하나님의 구원 행위가

우리의 영혼을 궁극적인 희망으로 가득 채우기 때문이나이다.

하늘의 영광을 버리고 이 세상에 오시어

십자가와 부활을 통해 구원의 길을 내시고

생명의 심판을 위하여 다시 우리에게 오실

예수 그리스도의 이름으로 기도드리나이다.

아멘!

성령강림절 후 열째 주일

이 세상의 모든 것들과 모든 사람을 통해서,

아직 세상에 드러나지 못한 미래의 것들까지 포함해서,

모두의 영광을 받기 원하시는 하나님.

우리가 지금 모든 이들과 모든 것들을 대신하여

영광과 찬양을 드리오니 받아 주소서.

지금 예배를 드리는 이 자리만이 아니라

온 세상 곳곳에 당신의 영광이 가득하나이다.

천둥소리, 매미와 개구리 소리,

어린아이들의 웃음소리, 비 오는 소리에도,

우주 저 끝에서 무서운 속도로 달려오는 별빛과

정원에서 자라는 장미의 붉은 색에도

하나님의 영광이 가득하나이다.

우리가 원하지 않는 병과 늙음과 죽음에도,

실패와 고난과 외로움과 눈물에도

하나님의 존재 신비가 충만하나이다.

그 모든 것을 가능하게 하는 궁극적인 사건이

예수 그리스도의 십자가와 부활이며

모든 비밀이 밝혀질 주님의 재림이나이다.

우리가 사는 날 동안 생명의 신비에 깊이 들어감으로

하나님께 온전히 영광을 돌리기 원하나이다.

예수 그리스도의 이름으로 기도드리나이다.

아멘!

성령강림절 후 열한째 주일

"태초에" 말씀으로 천지를 창조하셨으며,

성령을 통해 천지를 늘 새롭게 이끌어 가시고,

마지막 때 아무도 예상하지 못하는 방식으로

천지를 완성하실 하나님 아버지,

온전하고 유일하신 창조주 하나님 앞에서

우리가 마땅히 감당해야 할 최선의 일은

영과 진리로 예배를 드리는 것이나이다.

이 예배를 통해 하나님이 창조주이시며,

예수 그리스도가 우리의 구세주이시고

성령이 참된 생명의 영이라는 놀라운 사실과 일치하게 되니,

하나님의 피조물로 살아가는 사람의 실존에서

예배보다 더 중요하거나, 더 시급하거나,

더 본질적인 것은 어디에도 없나이다.

궁극적인 미래를 배타적으로 통치하시며,

어디에도 유비(類比)를 찾을 수 없이 홀로 창조주이신 하나님,

무엇을 먹고 마시며, 숨을 쉬는 순간에도,

세상살이의 여러 일을 처리해야 할 순간에도

하나님의 영광이 우리의 영혼을 지배하기 원하나이다.

로고스로 태초에 창조 사건의 주체이셨을 뿐만 아니라

역사의 낮은 자리까지 내려오셨다가

마지막 때 생명을 완성하기 위해 세상에 다시 오실

예수 그리스도의 이름으로 기도드리나이다.

아멘!

창조절 첫째 주일

'무'(無)로부터 세상을 창조하신 하나님,

우리의 영혼을 하나로 모아 예배드리오니

하나님 홀로 영광 받으소서.

하나님은 태초에 세상을 창조하셨고,

지금도 그 창조를 고유한 방식으로 이어 가시며,

마지막 때 놀라운 일로 완성하실 분이시나이다.

하나님은 그 창조의 능력으로

이스라엘을 애굽과 바벨론의 억압에서 해방시키셨고,

하늘에 닿을 것처럼 자기를 높이는 자들을 끌어내리시며

땅의 티끌처럼 비천한 자를 높이시는 분이시나이다.

하나님의 창조 능력은

우리가 아직 모르는 저 우주 끝과 지금 여기의 작은 세계까지,

그리고 지난날 사라진 것들과 아직은 아니지만 앞으로 올 것들까지,

생명 있는 것과 없는 것까지,

이 세상의 만물을 배타적으로 지배하고 있나이다.

하나님의 창조 행위가 있었기에

지금 우리는 시간과 공간으로 세상을 경험하고

하나님의 구원 통치를 인식할 수 있나이다.

사람의 헛된 계획과 생각과 욕망을 내려놓고

하나님이 어떻게 세상을 완성하실지에 대해

우리의 모든 마음을 집중하도록 인도해 주소서.

예수 그리스도의 이름으로 기도드리나이다.

아멘!

창조절 둘째 주일

홀로 생명의 주인이신 하나님,

우리 모두 진리와 영으로 당신께 예배드리나이다.

이 세상 모든 것은 아무리 대단해 보여도

한낱 피조물로서 얼마 가지 않아 낡고 늙고 병들고,

그리고 사라질 수밖에 없나이다.

하나님만이 늘 새롭고, 또 영원히 존재하심으로

유한한 피조물을 내어 주고 받아 주는 분이시나이다.

우리가 하나님께 예배드리는 이유는

하나님 안에서만 참된 생명을 얻기 때문이나이다.

일시적이고 자극적인 삶으로 만족한다면

하나님을 믿을 필요도, 따를 필요도,

영혼에서 우러나오는 예배를 드릴 필요도 없이

자기 자신의 욕구에 충실하기만 하면 되겠지만,

우리는 세상의 그 어떤 것으로도,

궁극적으로 자기 자신을 하늘 꼭대기에 올려놓아도

결코 영적인 만족을 얻지 못한다는 엄정한 사실을 알기에

당신 앞에 나와 예배드리지 않을 수 없나이다.

지금 한순간만이 아니라 우리의 삶 전체가,

우리의 전체 실존과 전체 운명이

오직 하나님과 결합되기를 간절히 원하나이다.

예수 그리스도의 이름으로 기도드리나이다.

아멘!

창조절 셋째 주일

권능으로 세상을 창조하시고
사랑으로 통치하시는 하나님,
오직 하나님께 삶을 맡기고 사는 믿음의 가족들이
한마음으로 예배드리오니 받아 주소서.
우리가 살고 있는 이 세상 모든 곳에,
이미 알고 있는 곳만이 아니라 모르고 있는 곳까지,
보이는 곳만이 아니라 보이지 않는 모든 곳에
하나님의 영광이 공기처럼, 햇살처럼 가득하나이다.
사람들이 인식하든지 인식하지 못하든지,
사람들이 인정하든지 인정하지 않든지 상관없이
하나님은 이 세상에 영광으로 자신을 드러내나이다.
그것이 하나님께만 가능한 창조와 종말의 능력이며
예수 그리스도를 통해 이루신 구원 능력이고,
지금도 성령을 통해 확장시키는 생명의 통치이나이다.
구원이 사람에게서 나오는 게 아니라
오직 하나님께로부터 나온다는 사실을
모든 이들이 깨달아 알고 믿게 되는 것이
곧 하나님이 받기 원하시는 영광이나이다.
그 영광을 지금 바치오니 받아 주소서.
죽음으로부터 삼 일 만에 부활하시고 승천하셨으며,
궁극적인 생명의 완성을 위해 다시 우리에게 오실
예수 그리스도의 이름으로 기도드리나이다.
아멘!

창조절 넷째 주일

독생자를 보내시기까지 우리를 사랑하시는 하나님,

그 사랑을 넘치도록 받은 우리 믿음의 형제와 자매들이

한마음으로 정성을 다하여 예배드리나이다.

우리의 목소리와 눈빛과 호흡을 통해서,

우리의 생각과 판단과 결단과 의지를 포함하여,

더 나아가 우리의 현재와 미래의 모든 운명을 담보한 채

오직 하나님께만 연결되기를 바라는 심정으로 예배드리나이다.

순전하게 드리는 기도와 찬송을 받아 주시고,

우리의 영혼을 생명의 영으로 공명시켜 주소서.

그것만이 지금 우리가 바라는 모든 것이나이다.

지금만이 아니라 평생 동안 바라는 모든 것이나이다.

그것 외의 것은 다 지나가고 만다는 엄중한 사실을

다행히도 주님의 은총 안에서 깨달았나이다.

말로만이 아니라 실제로 예배의 기쁨과 신비에 참여하기 위해

우리가 마땅히 감당해야 할 일이 무엇인지 깨닫게 하소서.

예배드리는 이 시간만이 아니라 우리의 모든 삶의 자리에서

하나님의 구원과 생명 사건 앞에서 깨어 있는 사람이 되며,

염려와 자기만족에 대한 세상의 유혹을 두려워하지 않게 하소서.

하나님은 영이시니 예배하는 자가

영과 진리로 예배하라고 말씀하신(요 4:24)

예수 그리스도의 이름으로 기도드리나이다.

아멘!

창조절 다섯째 주일

홀로 거룩하신 하나님,

당신의 거룩함 앞에서 신을 벗어야 했던 모세처럼

지금 우리도 사람의 모든 열정과 관계를 내려놓고

생명의 주인이신 하나님 앞에 머리를 숙였나이다.

우리의 인식과 판단이 아무리 깊어진다 해도

하나님의 거룩함을 다 헤아릴 수 없나이다.

해변에 흩어진 조개껍질 하나에 바닷물을 다 담아낼 수 없듯이

하나님의 거룩함은 우리를 초월하기 때문이나이다.

하나님이 창조하신 세상에 대한 단편적인 지식에 머문 우리가

세상 전체를 통해 자신을 드러내시는 하나님을

어찌 다 안다 할 수 있겠나이까.

한 평생의 짧은 시간에 갇혀 있는 우리가

창조와 종말에 이르는 전체 시간으로 존재하시는 하나님을

어찌 다 경험하고 해명할 수 있겠나이까.

그 막막함 앞에서, 그 거룩함 앞에서

우리는 두렵고 떨리는 마음을 감출 수 없나이다.

그러나 하나님께 감사와 찬송을 드리지 않을 수 없는 이유는

예수 그리스도를 통해 궁극적인 생명을 알게 하시고,

종말에 드러날 생명의 신비에 참여하게 하신 은총에 있나이다.

"나를 본 자는 아버지를 보았다" 말씀하신,

마지막 때 영광으로 다시 오신다고 약속하신

예수 그리스도의 이름으로 기도드리나이다.

아멘!

창조절 여섯째 주일

해방과 자유와 창조의 하나님,

당신은 우리가 원하는 수준보다 더 높게,

그리고 우리가 생각하는 깊이보다 더 깊게

우리의 모든 것을 아시고 이끌어 주시나이다.

똑같은 잘못을 반복하는 우리에게

변함없는 자비를 베풀어 주셨나이다.

우리 양심이 두려워하는 것들을 용서하셨으며,

미래에 대한 불안 가운데서도 존재의 용기를 허락하셨나이다.

무슨 말로 하나님의 은혜를 다 표현할 수 있으며,

무슨 행위로 다 갚을 수 있겠나이까.

온 영혼으로 감사와 찬양을 드릴 뿐이나이다.

십자가와 부활의 예수 그리스도시여,

세상 일로 염려하지 않게 하시고

하늘의 것을 사모하며,

덧없이 흘러가는 세상에 사는 동안에도

영원히 변함없는 것을 굳게 붙잡게 하소서.

생명의 깊은 곳에서 능력을 행하시는 성령이여,

우리에게 당신의 비밀스러운 생명의 통치를 알게 하시어

매 순간 생명의 충만함을 누리게 인도해 주소서.

예수 그리스도의 이름으로 기도드리나이다.

아멘!

창조절 일곱째 주일

세상을 말씀으로 창조하셨고
지금도 비밀스러운 방식으로 세상을 통치하시며
앞으로 세상을 완성하실 여호와 하나님,
당신만이 우리 생명의 유일하고 온전한 주인이시며
우리를 심판하시고 구원하실 분이심을 믿나이다.
이 세상이 아무리 거칠고 야비하다 해도
어찌 하나님의 영광을 감출 수 있겠나이까.
아무리 위대한 사람이 나타난다 해도,
아무리 엄청난 사건들이 발생한다 해도
그것이 어찌 하나님을 대신할 수 있겠나이까.
지난 한 주간 동안 우리가 의식하지 못하는 중에도
하나님의 은총이 우리 존재 전체를 감쌌나이다.
태양이 여전히 온 세상에 빛을 발하고
바람이 이 세상에 숨길을 열었으며,
땅은 온갖 종류의 양식을 생산했나이다.
이 모든 놀라운 생명현상들이
창조주이신 하나님의 손길임을 믿나이다.
우리보다 우리를 더 잘 아시는 성령께
현재의 실존과 미래의 운명을 온전히 맡기며
예수 그리스도의 이름으로 기도드리나이다.
아멘!

창조절 여덟째 주일

태초에 세상을 창조하신 하나님,
"빛이 있으라"는 말씀으로 빛을 존재하게 하셨으며,
시간과 공간을 만드시어
모든 생명체로 살아갈 수 있게 하신 하나님만
우리 생명의 참되고 유일한 주인이시며
우리 운명의 참되고 유일한 주관자이시나이다.
당신의 자비와 긍휼이 얼마나 크고 놀라운지
우리가 입을 열어 찬양하지 않을 수 없나이다.
지난 한 주간 동안도 하나님은 사랑 가운데서
우리로 숨 쉬게 하시고, 물을 마시게 하셨으며,
일용할 양식으로 생명을 유지하게 하셨나이다.
거칠고 외로운 세상에서 살아가지만
능력의 하나님께서 책임지신다는 사실로
우리는 이 땅에 존재할 용기를 얻나이다.
이제 우리에게 필요한 유일한 삶의 태도는
하나님께 우리의 운명을 온전히 맡기는 것이며,
우리 앞에 일어나는 어떤 일이라도
그것이 모두 하나님의 은총임을 믿는 것이나이다.
이러한 믿음으로 살아가는 형제와 자매들이
한마음으로 예배드리오니 받아 주소서.
예수 그리스도의 이름으로 기도드리나이다.
아멘!

창조절 아홉째 주일, 종교개혁주일

주님,

오늘 종교개혁주일을 맞아

거룩한 두려움으로 예배드리나이다.

2천 년 전 마가 요한의 다락방에서 시작된 복음 공동체가

지금 예배드리는 우리에게까지 이어진다는 놀라운 사실 앞에서

감사와 찬송을 드릴 뿐만 아니라

우리가 감당해야 할 역사적 책임을 절감하나이다.

복음 공동체가 더 진지하게 복음에 집중하도록

모두의 생각과 행동이 영적 깊이에서 나오기 원하나이다.

'늘 개혁되는 교회'라는 종교개혁자들의 깨우침이

오늘 우리에게 단순한 구호로 머물지 않고

교회의 모든 제도와 방향을 규정하는 기준으로 자리 잡게 인도해 주소서.

교회의 머리는 사람이 아니라 그리스도라는 사실을

관념이 아니라 신앙의 내용으로 삼게 인도해 주소서.

모든 교회가 다르지 않고 '하나'라는 사실을,

약한 지체가 오히려 더 소중하다는 사실을 잊지 않게 인도해 주소서.

믿음의 선배였던 종교개혁자들의 믿음을

우리가 회복하기를 원하오니

저희에게 영적인 통찰력과 결단의 용기를 허락해 주소서.

예수 그리스도의 이름으로 기도드리나이다.

아멘!

창조절 열째 주일

만물을 창조하신 우리의 주 하나님,
이제 우리는 주님만을 사랑하며
주님만을 따르며, 주님만을 찾으며,
주님만을 섬기려 하나이다.
주님만이 우리의 참 하나님이시기에
주님께만 온전히 지배당하는 것이 마땅하나이다.
우리의 영혼으로 간절히 기도하오니
주님이 원하시는 것을 우리에게 명하소서.
그러나 먼저 주님의 말씀에 귀를 기울이도록
우리의 영적인 귀를 치료하여 열어 주소서.
주님의 손짓을 바라볼 수 있도록
우리의 영적인 눈을 치료하여 뜨게 하소서(어거스틴).
지난 한 주간에도 우리의 모든 삶이
주님의 손안에 있었나이다.
크고 작은 어려움과 시련 가운데서도
주님께서는 우리를 눈동자처럼 지키셨으며,
비밀한 방식으로 우리를 찾아오시어
참된 위로와 평화를 선물로 주셨나이다.
하나님과 동일한 능력으로 우리의 구원자가 되신
예수 그리스도의 이름으로 기도드리나이다.
아멘!

창조절 열한째 주일

생명의 궁극적인 근원이신 하나님.
모든 피조물을 다시 살리시는 하나님의 영광이
우리가 살고 있는 온 세상에 가득하나이다.
모든 사람들이 예수 그리스도 안에서 참된 평화를 얻고
그의 의로움 안에서 영화로움에 참여하며,
그의 사랑 안에서 생명을 발견하게 하소서.
우리의 주님이시며 왕이신 하나님께서
예수님을 통해 만물을 회복하시는 것이
우리가 순종해야 할 하나님의 궁극적인 섭리이나이다.
죄로 말미암아 죽음의 종으로 살아가는 사람들이
예수님의 온유와 사랑과 평화의 다스림 안에서
자유로워지고 하나 되게 하소서.
선하시고 자비로우신 하나님,
이 시간 우리의 영혼을 하나로 모아 주님을 예배하오니
망상과 거짓과 자기집착의 영이 틈타지 말게 하시고
오직 깨어 있음과 진실과 자기초월의 영만이 가득하게 하소서.
이미 창조의 근원이셨으며.
창조의 완성인 종말생명을 위해 다시 오신
예수 그리스도의 이름으로 기도드리나이다.
아멘!

창조절 열두째 주일, 추수감사주일

창조의 하나님,
당신만이 세상의 '주'이심을 믿나이다.
하나님은 침묵하는 듯 보여도
이 세상에 존재하는 모든 것으로
매 순간 우리에게 말을 거시며 명령하시나이다.
우리의 영적인 감각이 너무 초라하여
깨닫지 못할 때가 많으나
하나님의 말씀과 통치가, 그리고 하나님의 영광이
온 세상에 차고 넘침을 믿나이다.
오늘은 마지막 교회력인 창조절 열두째 주일이며,
우리를 살리려 먹을거리를 허락하신 하나님께
감사의 찬송을 드리는 추수감사주일이나이다.
당신은 지난 일 년 동안 저희로 먹고 마시며
이렇게 살아 숨 쉬게 하셨나이다.
우리가 잠을 자거나 때로 게으름을 피우는 중에도
벼가 자라 결실을 맺게 하시고,
감과 호박, 감자와 옥수수가 자라게 하셨나이다.
지구의 생명 운동에서 저희를 소외시키지 않으시고
그 안으로 이끌어주신 하나님을 찬송하나이다.
무엇으로 하나님의 은총을 다 표현할 수 있겠나이까.
이 시간 주님을 예배하오니 영광 받아 주소서.
예수 그리스도의 이름으로 기도드리나이다.
아멘!